監督のクセ
から読み解く
名作映画
解剖図鑑

映画批評家
廣瀬純

彩図社

はじめに

アライグマが何でも洗ってしまうように、映画監督にも一人ひとり、つい繰り返してしまう演出方法があります。デビュー作から最新作に至るまでずっと、どんなストーリー、どんなテーマ、どんなジャンルでも、だいたい同じ方法で撮ってしまう。みなさんも、映像をチラッと見ただけで、あっ、これは〇×監督の作品に違いない！　と、思ったことがあるのではないでしょうか。各監督の仕事をそのように特徴づけているもの、監督一人ひとりの独特な演出方法を、本書では〝**クセ**〟と呼ぶことにします。映画は、もちろん、ただ見るだけでもとても面白いものですが、〝クセ〟に注目して見たら、また別の面白さがあるかもしれないよ！というのが、本書での提案です。

アライグマが、他の動物を真似したわけではなく、洗うことを自分で思いついたように、**映画監督たちが作品ごとに反復しているのも、一人ひとりが独自に開発した演出方法**です。そして、おそらくアライグマさんの場合もそうなのでしょうが、一度確立した手法をその後、そっくりそのまま、何の変更も加えずに適用し続けるわけではありません。各作品はむしろ実験であり、実験を繰り返すことでそれぞれの監督たちは、自分の方法を少しずつ進化あるいは深化させたり、洗練させたり、可能性の幅を押し広げたりしているのです。〝クセ〟に注目するとは、したがって、まずは、この監督のクセはどんなものなのかなと探してみることですが、加えてまた、そのクセが発展していく過程を追ってみることでもあります。

原作のある演劇作品がわかりやすい例かもしれませんが、「演出」とは解釈のことです。そして、解釈とは、ものの見方、知覚のことです。少し大袈裟に聞こえるかもしれませんが、どんな作品を撮るときにも映画監督が繰り返す独自の演出方法というのは、やはり、世界全体についての独自の解釈であり、独自の知覚の提示なのです。映画監督は、〝クセ〟を通じて、世界を別の仕方で知覚することへと我々観客を誘うわけです。本書でも、小難しくならない範囲で、各監督の〝クセ〟に宿るそのような哲学的な問題にも触れてみたいと思います。

〝クセ〟に着目して映画を見るときの楽しさには、本書で触れない種類のものもあることを、ここであらかじめ断っておきたいと思います。最も簡潔に言えば、クセには収まらないような何かが出現する瞬間です。クセの観点から考えたらあり得ないはずのことが起こってしまう。何らかの要素が、クセの枠組みから突発的に逸脱する。あれっ、洗わないの!? 優れた映画作品には、必ず、そのようなスリリングな瞬間があります。ひょっとすると、そもそもクセというのは、そこから何かが漏れ出す瞬間を作品内に呼び込むためにあると言ってしまってもいいのかもしれません。映画の面白さには、クセを見つけることの面白さのほかに、そのクセから何かが溢れ出す瞬間に居合わせることの面白さもあるということです。本書では、慎み深く、前者の面白さに話を限定させていただきます。

クセが指摘できるのは、本書で取り上げている監督たちだけでは、もちろんありません。読者のみなさんには、本書を参考にして、みなさん自身のお気に入りの監督のクセはどんなものなのかを、ぜひ、探してみてもらえると、とても嬉しいです。やり方としては、まず、同じ監督の作品をどれでもいいから2本見て、演出上の共通点を仮に見つけておく。そして、他の作品も少しずつ見ていき、同じ演出方法が見つけられるかを検討する。3本目にも見つけられれば、もう、それがクセだと思って間違いないでしょう。あとは、作品ごとのクセの発展をたどりつつ、各作品内で何かがクセから漏れ出す瞬間のスリルを楽しめばよいのではないでしょうか。

映画批評家　廣瀬純

・作品名を2回以上掲載する場合、一部を省略して表記することがあります。
例）『インディ・ジョーンズ／クリスタル・スカルの王国』→『クリスタル・スカルの王国』
・作中人物名の一部を、原語に近い発音で表記することがあります。
例）フランスワ、マリ
・図版は、DVD、配信サービス（2024年7月時点の配信作品）を用いて引用しています。
・各扉ページに記載した監督情報と、注釈に記載した作品情報は、編集部で作成しました。
・監督、作品の情報は、2024年7月時点のものです。

監督のクセから読み解く
名作映画 解剖図鑑

目次

03 ウェス・アンダーソンのクセ
平面性

04 トニー・スコットのクセ
運動と不動点

07 山中貞雄のクセ 背後から撮る

08 大島渚のクセ 閉じた空間

09 相米慎二のクセ
特別な時空間の始まりと終わり

10 黒沢清のクセ
人がどう消えるか気になってくる

11 アルフレッド・ヒッチコックのクセ
登場人物の知らないことを観客に教えてしまう

12 エリック・ロメールのクセ
平凡な世界に特別な出来事を到来させる

01

スティーヴン・スピルバーグのクセ
同じものの反復

スピルバーグはこんな人

・1946年12月18日生まれ
・アメリカ合衆国／オハイオ州シンシナティ出身
・電気技師・エンジニアの父と、ピアニストの母に育てられたユダヤ系アメリカ人。父親の仕事の都合で、引っ越しが多かった。
・学習障害で、同級生より本を読むのが遅かった（診断を受けたのは60代になってから）。
・13歳のとき、旅先で父親に渡された8ミリカメラがきっかけで、撮影に興味を持つ。
・16歳のとき、母親の浮気が原因で、両親が離婚。
・17歳のとき、ユニバーサル・スタジオの観光バスツアーに参加。スタッフと仲良くなり、スタジオに入り浸るようになる。
・カリフォルニア州立大学ロングビーチ校にて映画を学ぶと、ユニバーサルと契約を結ぶ（大学は中退）。
・テレビ映画『激突！』（71）が注目され、『続・激突！／カージャック』（74）で劇場映画デビュー。以降、『ジョーズ』（75）、『未知との遭遇』（77）などが大ヒットを記録し、有名監督の仲間入りを果たす。
・『シンドラーのリスト』（93）でアカデミー作品賞、監督賞などを受賞、『プライベート・ライアン』（98）では監督賞などを受賞。

スピルバーグのクセは「同じものの反復」

最初に取り上げる監督は、スティーヴン・スピルバーグです。

スピルバーグのクセとは何か。ひとことで言えば、**「同じものの反復」**です。

これだけでは何のことだかわからないと思うので、**『未知との遭遇』**を例に考えてみましょう。スピルバーグがその後やることになるだいたいの要素は、『未知との遭遇』にすでに出揃っているからです。

終盤の、宇宙人がやってくるシーンから考えてみましょう。人間側は、彼らにあいさつをしようとします。「いらっしゃい」なのか、「こんにちは」なのかわからないけど、とにかくあいさつをしようと決まった。そこでフランス人科学者らが方法を研究したところ、「ピロリロリ」という音で意思疎通ができるとわかります。

宇宙船が到着するときに、人間側はシンセで「ピロリロリ」とやる。あいさつだから音声だけで十分なはずですが、「ピロリロリ」という音に連動して電光パネルも光る。音で「こんにちは」と言って、光でも同じく「こんにちは」と言うわけです。

あいさつは1回では終わりません。科学者がフランス語で「もっと速く」と言う。この科学者を演じるのは、フランス人映画監督フランスワ・トリュフォーです。彼の指示で、ものすごい回数の「こんにちは」をどんどん速く奏でることになる。電光パ

◎未知との遭遇
1977年／135分
内容：舞台は、謎の飛行物体の目撃情報が相次ぐ米国。UFOのメッセージを追う科学者たちと、UFO目撃者のロイらはそれぞれメッセージの解読に成功。ワイオミング州のデビルスタワーにおいて、宇宙人との接触を果たす。のちに特別編、ファイナル・カット版も公開された。

ネルも高速で明滅を繰り返します。

宇宙人からすれば、そんなに言わんでもええやろというぐらいに、同じものが反復される。これがスピルバーグのクセの基本です。

反復によって同じものが大量に現れる

同じものが反復するときには、**「同じものの大量さ」**も、問題になります。同じものが何個も集まるときに、ものはすごい力、物《ぶっ》の塊としての力を持つ。そういう物質的な力を、スピルバーグは信じています。

実際、『未知との遭遇』の「ピロリロリ」という音声を、誰も「こんにちは」だと思って聞いていないし、電光パネルも「こんにちは」だと思って見ていません。むしろ、光や音が「こんにちは」という意味から外れて、純粋に物質的な力となり、画面から観客を襲うのです。

そもそも「ピロリロリ」は、インド人たちが歌っている歌に由来します。インドのシーンですでに、ものすごい数のインド人がいて、画面を満たしています。ここで重要なのは、一人ひとり個性のある人ではなく、誰でもいい人が無数にいるという点です。個々に誰だかは問題ではない匿名的な者が無

〈図版1〉電光パネルと音で宇宙人に接触を試みる科学者たち（『未知との遭遇 ファイナル・カット版』スティーヴン・スピルバーグ 1977年）

数にいる。事実上、同じ人の大群なのです。

そう考えると、「同じものの大量さ」は、他の作品にもたくさん見つけられます。たとえば**『シンドラーのリスト』**。冒頭で、ひとけのない駅のフォームに男が机を出しており、そこに家族らしき小集団がやってくる。男の質問に応じて先頭の人物が名前を答えた瞬間、突如として不特定多数の大量の人々が画面を埋め尽くす。

そもそも『シンドラーのリスト』は、「私は重要ですよ」と言う行為を問題にした作品です。「私は医者ですよ」とか、「エッセンシャルワークができます」と、登場人物たちは言う。なぜかというと、誰でもいい人々の大群から**「差異」**[*1]として際立つことができれば、自分の命が助かるからです。**まずは同じものの大量の反復がある。そこから差異として突出することができれば、生きることができるのです**[*2]（「特別処置」とか「優遇処置」とか、作中のナチスは呼んでいます）。

『シンドラーのリスト』における反復と差異の重要シーン

ただし、同じものの反復から差異として浮き出ることに成功した場合でも、また反復に戻らないとは限りません。だからこそ、『シンドラーのリスト』には緊張感があ

◎シンドラーのリスト
1993年／195分
内容：第二次世界大戦時、絶滅収容所送りにされそうになるユダヤ人を、ドイツ人実業家のシンドラーが救う。全編モノクロだが、一人の少女が着る服だけ赤い。

＊1：『レイダース／失われたアーク《聖櫃》』の最後にも、反復と差異が面白いかたちで描かれます。冒険が終わり、聖櫃は米国政府所有の巨大倉庫の箱の中に収納されます。倉庫内には、同じような箱が無数に置かれています。特別なもの＝差異だったはずの聖櫃が、同一物の反復に紛れ込んだわけです。『インディ・ジョーンズ／クリスタル・スカルの王国』冒頭では逆に、同一物の無際限の反復の中から、差異を見つけ出そうとします。インディは『レイダース』と同じ倉庫で、今度は特別な箱を探すことを強いられるのです。

ります。その緊張が端的に表れているのが、収容所のドイツ人所長と、ユダヤ人女中との関係です。

所長は女中を好きになります。女中自体は同じものの反復、誰でもいい人のはずですが、好かれることで、差異として浮き上がってきそうになります。

所長と女中が正面から向かい合うシーンが重要です。所長の顔のショットのあとに、切り返し[*3]として女中の顔のショットが続く。後ろからではのっぺりとした背中しか見えず、差異に気がつけませんが、前から顔を見ることで、差異に気づけそうになります。[*4]

ただし、向かい合って顔を見たとはいえ、最終的に起きることは微妙です。所長は女中に好きだと言って、差異として認めるものの、「ユダヤ人なんだから違いがあるわけがない」と言うかのごとく、彼女を殴りつけます。所長にとって女中は、差異だけど反復のほうへも送り戻し得るものという、微妙な位置づけになっているわけです。

所長の振る舞いからもう一つ、同じものの反復[*5]、同じものの無際限の増殖に関わる例を紹介しましょう。

彼の住む屋敷のベランダからは、収容所の敷地を見下ろすことができます。所長はベランダから、敷地にいるユダヤ人の一人を撃ち殺します。重要なのは、所長にとっ

＊2：逆の例もスピルバーグ作品にはあります。たとえば『A.I.』の場合、主人公のロボットは当初、自分が特別、スペシャルだと思っていました。しかしあるとき、自分の複製がずらーっと並んでいる光景を目にしてしまいます。スペシャルだと思っていた主人公が同じものの反復に呑み込まれて、その一部に回収されます。自分は差異だと思っていた者が、反復の中に回収されてしまうのです。

＊3：切り返しは、Aの表情をとらえたショットから、Bの表情をとらえたショットへとつなぐ技法。会話順に沿って切り返されることが多い。人物から人物以外に切り返されることもある。

＊4：（↓次ページ注へ）

＊5：（↓次ページ注へ）

てユダヤ人は全員同じであるため、殺す相手は誰でもいいという点です。

所長がベランダから敷地内のユダヤ人を撃つ映像と、モノクロ映画の本作にあって唯一色を持つ、赤い服を着た女の子の映像は、ほとんど同じものです。ユダヤ人が所長に撃たれても、周りの人は特別なことが起きたとはみなさず、何も気にしません。同じように、赤い服を着た女の子を特別視する人もいません。

女の子は、一人だけ赤く描かれているので目にはとまるものの、差異として画面上に存在しているわけではないのです。赤という凡庸な色は、「その他大勢」に埋没した無数の個人の一人として女の子を任意に抽出する装置に過ぎないのです。

赤い服の女の子に、他の人々と区別できる特徴——幼さや容姿も含め——はいっさいありません。他の死にゆく人たちと、まるっきり一緒です。所長に撃たれるユダヤ人も赤い服の女の子も同じく、いくらでも代わりがきく存在です。その意味で、二つの映像は似ていると言えるわけです。

トリュフォーと『ターミナル』の類似点

「同じものの大量の反復」というクセ、特に**言葉の反復**という問題は、『未知との遭遇』で**フランス人科学者を演じたフランスワ・トリュフォー**監督の仕事に、どこか由来す

＊4：（↓前ページ本文）これと同じことを言った哲学者がいます。フランスのユダヤ人哲学者エマニュエル・レヴィナスです。レヴィナスはホロコーストを、以下のように論じました。
ナチスはなぜあれだけのユダヤ人を殺すことができたのか。それはユダヤ人と、正面から向かい合っていなかったからだ。面と面で向かい合っていれば、相手の他者性が浮かび上がってきて、「汝殺すなかれ」の命令が意識される。だけど後ろから見ていれば、相手の存在をリアルに把握できない——。

＊5：（↓前ページ本文）『太陽の帝国』でも、同じものが一から多へと増殖します。たとえば物語の中盤、主人公のイギリス人少年ジェイミーの姿が映ったあと、収容所にいる大量の捕虜が映されます。また、捕虜が別

る部分があります。

『ターミナル』を例にしましょう。この作品には、『未知との遭遇』の「ピロリロリ」を思い起こさせるシーンがあります。

主人公のナボルスキーは、アメリアという女性を好きになります。彼女を食事に誘うべく、ナボルスキーは慣れない英語の練習をします。トイレの鏡の前で何度も、「bite to eat」（軽く食事でもどう？）と繰り返します。『未知との遭遇』のピロリロリと同じく、ナボルスキーはどんどん速く、「bite to eat」を繰り返していきます*6 **〈図版2〉**。

実はこのシーンと同じことを、トリュフォーは1979年に公開された『逃げ去る恋』でやっています。同作は、ジャン＝ピエール・レオ演じるアントワヌ・ドワネルが主人公の恋愛ドラマです。この主人公が、自分の名前と憧れの女性の名前を鏡の前でどんどん高速で繰り返していくシーンが

〈図版2〉 鏡の前で英語の練習を繰り返すナボルスキー（『ターミナル』スティーヴン・スピルバーグ　2004年）

の収容所に移されるシーンでは、捕虜たちはトラックから降りるとき、一人ひとり、石を一つ渡されます。カメラが引いて丘の上をとらえると、とんでもない人数の人が石を運ばされているのがわかります。

◎ターミナル
2004年／129分
内容：クーデターで母国クラコウジアのパスポートが無効となり、米国の巨大空港から出られなくなったナボルスキー（トム・ハンクス）。父の願いを叶えるため、ナボルスキーは空港外へ出ようと奮闘する。

＊6：ナボルスキーは鏡を前にしているので、彼の姿は1ショット内で二つに増殖しています。これも、同じものの反復です。

あるのです。

一般的にはタイプの違う監督だと思われているのかもしれませんが、やはり、スピルバーグがトリュフォーに出演してもらっていることには、「クセ」の系譜とでも呼び得るような、深い理由があるのです。

同じ言葉を異なる言語で反復

『未知との遭遇』でのトリュフォーにはもう一つ、言葉の反復に関連した、興味深いことを指摘できます。

トリュフォーはフランス人として登場するので、基本的にはフランス語しか話しません。そこで隣の通訳が、トリュフォーの発言をその都度、英語に訳していきます。これを日本語字幕で見ると、トリュフォーのフランス語に字幕がついて、通訳の英語にも字幕がつきます。つまり、同じ字幕が2回出るわけです。同じセリフが毎回2度繰り返されるせいで、作品の長さが2倍になっているとも言えますね。

反復が2回を超える場合もあります。メキシコを舞台にしたシーンでは、スペイン語で話した現地人の言葉が英語に訳され、さらにフランス語へと翻訳されています。またインドでも、現地人の言葉を英語になおし、それをフランス語になおしてやっとトリュフォーが理解する、という過程を全部見せています。同じことを3回も登場人物に言わせているわけです。

観客からすれば、1回目で何が言われているかは理解できます。では2回目、3回目はなんのためにあるのか？　**話の内容以外を楽しむためにある**のです。

話以外とは、登場人物のしゃべり方だとか、映像そのものの面白さだと言っていいでしょう。

「話についていかなきゃ」と思って字幕を追っていると、映像を見忘れるかもしれません。だけど、3回も繰り返されればそんな心配はありません。上映時間は長くなりますが、映像を見るという、映画において非常に重要な作業に取り組む余裕が生まれます。

映像と音声（言語）で同時反復

同じものの反復がもたらす効果を確認したところで、今度はこのクセの様々な展開を、具体的に見ていきましょう。

まずは、これまで何度か触れた言語の問題をきっかけにして考えてみます。先に挙げた『ターミナル』の中心的なテーマはまさに言語そのものです。

同作は、英語がほとんどできないクラコウジア[*7]出身者が、英語を身につける話です。どうやって身につけるかというと、ロシア語と英語の観光ガイドブックを見比べて単語を学び、テレビのニュース番組の字幕（ヘッドライン）を見ながら学習成果を確認していきます。最初はすらすら読めないけれど、「fifty- fifty」（五分五分）という単語を使ってみるなどして、少しずつ習得していきます。つまりこの作品でも『未知との遭遇』と同じく、**翻訳**が問題になっているわけです。

ロシア人が空港で暴れるシーンでは、ロシア語と英語の通訳がすぐには見つからないということで、ナボルスキーが間に入ることになります。男がロシア語で話したことを、ナボルスキーが英語に翻訳することで、同じ話が2回繰り返されます。

ナボルスキーの通訳によって、男が暴れたのはカナダにいる父のために持ってきた薬が、没収されそうになったからだとわかります。しかし、薬は登録外のものだったので、米国に持ち込むことができません。ロシア人も落ちつきを取り戻して、そのことを理解します。するとロシア人は薬の持ち込みを求めて、膝をついて頼み込もうとします。

これに続いて、興味深いことが起こります。ナルボスキーは彼を見て、「He is begging」（彼はお願いしている）と言います。つまり、通訳ではなく、見た通りのことをそのまま言葉にするのです。実際、ロシア語のわからない国境警備局主任の男も、「I

＊7：クラコウジアはロシア周辺にある東ヨーロッパの架空の国という設定です。

can see that」（お前の言ってることは、オレの目にも見えてるぜ）と応じています。

目に見えている出来事を言葉にするというのは、同じものの反復にほかなりません。映像で見えているものと、言葉で言われるものが同じです。言い換えると、**同じものが映像と音声とで同時に反復されている**のです。

『未知との遭遇』でも、「ピロリロリ」の音と後ろにある電光パネルの光とで同じ「こんにちは」が同時に反復されていました。こうした、映像で見せたものを音声でも聞かせる、あるいは、音声で聞かせたものを映像でも反復するという仕掛けが、スピルバーグ映画にはあるのです。

言葉で予告されたものが映像で反復

ここまでは、映像と音声が同時に示される例です。それ以外にも、言葉と映像の一致が、別の仕方で組織される場合があります。**まず言葉で言われ、それが映像でも見せられる**という順番になっている場合です。

たとえば、冷戦期の東西スパイ交換を描いた『**ブリッジ・オブ・スパイ**』。トム・ハンクス演じる主人公の弁護士は、スパイを交換するために、東ベルリンに入ることになります。それに先立ってトム・ハンクスはある人物から、「東ベルリン

◎ブリッジ・オブ・スパイ
２０１５年／１４２分
内容：冷戦下の米国。弁護士ドノヴァン（トム・ハンクス）は、ソ連のスパイとして逮捕されたアベルの弁護を引き受けた。非難を受けながらも、ドノヴァンはアベルの死刑回避に成功。数年後、アメリカ人パイロットがソ連偵察中に逮捕されると、米ソ間でスパイ交換の話が持ち上がった。交渉役に選ばれたドノヴァンは、アベルとともに東ドイツ、ソ連へと向かう。

に行けば不良が待っていて、身ぐるみを剥がされるぞ」と忠告されていました。彼が東ベルリンに到着するとその言葉通り、不良たちが待っています。しかも、カメラも不良一味に加わって、トム・ハンクスを待っていた（笑）。言葉で予告されたことが映像内で実際に起きるわけです。

『インディ・ジョーンズ／クリスタル・スカルの王国』でも、同じようなことが起きています。

訳知り顔の年配者のオックスなる人物が、「Three times it drops」（3回落ちるぞ）と予言します**〈図版3〉**。そして、実際、インディたちは3回、滝から落ちることになります**〈図版4〉**。オックスが言ったことが実現され（音声を映像が反復）、さらには3回同じことが起きる（同じ映像が反復）[*8]。実現された内容の中にも、反復があるわけです。こうした無駄とも思えることをやるのが、スピルバーグです。

『戦火の馬』にも、言葉から映像へという演出が複数見出

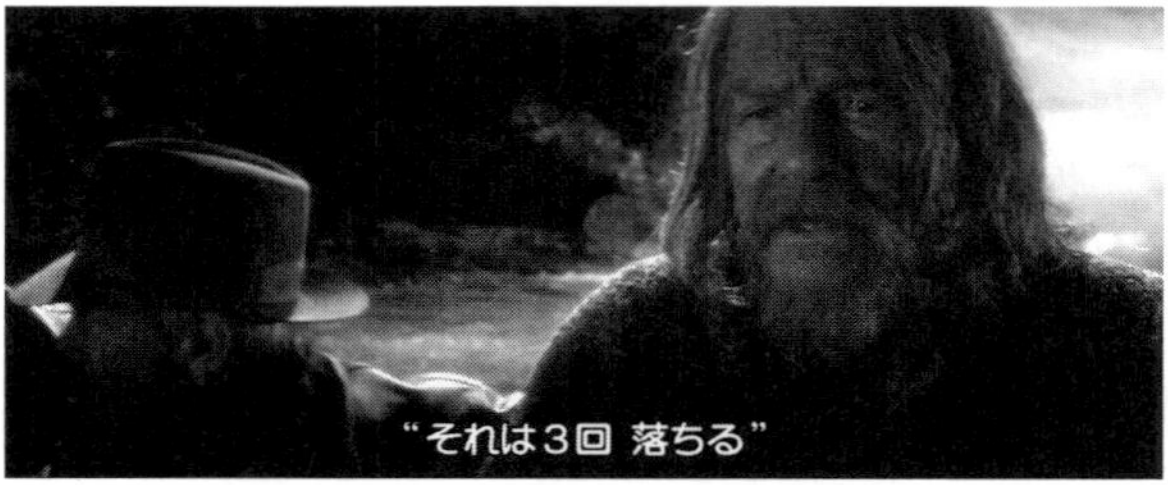

〈図版3〉宣言通り、一行は3回落ちる（『インディ・ジョーンズ／クリスタル・スカルの王国』スティーヴン・スピルバーグ　2008年）

＊8：「映像で予告されたものが映像で反復される」ケースもあります。その例が、『マイノリティ・リポート』です。プリコグと呼ばれる予知能力者の力が、犯罪予防システムとして機能している世界。プリコグの予知は、映像を介して行われます。そうした未来予知（映像で予告されたこと）が反復されないようにするというのが、主人公の仕事です。ただ、実際には、主人公の努力にもかかわらず、ほとんどの場合、映像はギリギリまで反復されます。最後の決定的な映像すなわち犯罪それ自体が反復されなければいいわけですから。その最後の瞬間まで、観客は反復の楽しみを味わうことになります。

〈図版４〉滝から３回落ちるインディー行（『インディ・ジョーンズ／クリスタル・スカルの王国』スティーヴン・スピルバーグ　2008 年）

せます。

同作の序盤において、農夫がサラブレッドを買うシーンがあります。農夫がサラブレッドを30ギニーという大金で買うと、知り合いから「ロージー（奥さん）が許さないぞ」と言われます。これは、音声による予言にほかなりません。実際、これに続くのは、畑仕事をしているロージーのショットであり、そのまま、農夫がロージーに怒られるシーンへと展開します。

作品の終盤にも、言葉で予告されたことが映像によって示されるシーンがあります。馬は農夫の息子アルバートによってジョーイと名付けられ、大切に育てられますが、戦争のせいで両者は離れ離れになります。

やがて、飼い主であるアルバートは従軍し、失明して野戦病院で治療を受けることになります。この治療中、アルバートはジョーイと思しき馬が近くにいることを知ります。そこでアルバートは、自分の馬だと伝えるために、ジョーイの特徴を告げます。四肢の足元が靴下を履いて

白いソックスの茶色の馬で
こういう白い毛が

〈図版５〉アルバートの発言内容が、続くシーンで映像でも実現される（『戦火の馬』スティーヴン・スピルバーグ　２０１１年）

◎インディ・ジョーンズ／クリスタル・スカルの王国
２００８年／１２２分
内容：赤狩りが渦巻く１９５７年の米国。インディはソ連のスパイに捕まり、クリスタル・スカルの探索を強要される。スパイからは逃れたものの、共産主義者と疑われて大学を追われてしまう。失望して国外へ向かう途上で、マットという青年から旧友オックスがクリスタル・スカルを追っていることを知らされる。

◎戦火の馬
２０１１年／１４６分
内容：イギリスの農夫アルバートは、父が大枚をはたいて購入したサラブレッドのジョーイを、大事に育てていた。だが、第一次世界大戦が近づき、ジョーイは軍馬として、激戦地へと連れていかれてしまう。

いるように白く、ひたいには白いダイヤの模様があるはずだと**〈図版5〉**。見つかった馬には、一見するとそんな特徴はありませんでした。しかし、馬を洗ってみたところ、ジョーイの特徴が現れます。言葉で言われたことが映像でも実現されることに、我々観客は感動するわけです。

「過剰な同じさ」によってズレが生じる

いま挙げたシーンは、口では言わないという演出でも、それなりに感動的だったかもしれません。しかし、スピルバーグはそうはしませんでした。それは、**言葉と映像の同一性の「過剰」**が、スピルバーグの興味の対象だからだと思います。

『カラーパープル』には、言語と映像の同一性を求めるあまり、両者にズレが生じてしまうシーンがあります。

主人公のセリーとその妹は、言葉を勉強しましょうということで、紙に言葉を書いて、対応するものに貼っていきます。*9 セリーがいろいろと答えていく中で、妹は窓に貼られた「sky」という紙を指さして、何と読むかを問いかけます。セリーは「sky」という文字を前にして、「ミスター」と発音します。妹は、misterではないでしょうという顔になりますが、窓の外には確かに、セリーの結婚相手である「ミスター」と

◎カラーパープル
1985年／154分
内容：20世紀初頭の米国南部で、過酷な環境の中で暮らす黒人女性セリーたちの生き方を描いたドラマ。ピューリッツァー賞を受賞したアリス・ウォーカーの同名小説が原作。

＊9：この勉強では、同時反復も問題になっています。「apple」「jar」と書いた紙を、りんご、びんに貼っていく。どちらか片方だけではだめだといわんばかりに、「apple」と言葉で言及されたものを、ものでも同時に反復します。

呼ばれる男性が現れることになります。

2回まではいいとして、3回はやり過ぎだろうといったタイプの過剰さもあります。先に挙げた『クリスタル・スカルの王国』の3回落ちるシーン、『未知との遭遇』で同じことを異なる言語で3回言うシーンがそうです。

米国の奴隷制を題材にした『**アミスタッド**』でも、3回繰り返すことの過剰さによって、反復行為それ自体が物語を押し退けて前面に出てくるといったことが起きています。

同作では、同じ物語が、別の言語・シチュエイションで3回語られます。まず、アフリカ人がアメリカ大陸に連れてこられたいきさつを話す。彼らはメンデ語という言葉で語ります。次いで、その内容が、通訳によってそっくりそのまま英語にされます。そしてその話を聞いた弁護士が、今度は、法廷で同じ話を繰り返すのです。

観客からすれば、2度目、3度目は、もう知っているんだけどということになるでしょう。過剰に同じものが増殖するのです。

◎アミスタッド
1997年／155分
内容：19世紀半ば、キューバ沖を航行していたアミスタッド号で、拉致され商品として売られた黒人奴隷たちが、反乱を起こした。米国へたどり着いた黒人たちは獄につながれ、海賊行為と殺人罪で、裁判にかけられる。奴隷解放を掲げる人々は、彼らを擁護しようと立ち上がった。

「言語によるコミュニケイション」という問題

トリュフォーとの関係でも触れましたし、これまでの例でお気づきだと思いますが、スピルバーグ映画では、**言語によるコミュニケイション**が非常に重要なテーマになっています。

『カラーパープル』でもそうですし、『E．T．』[*10]や『未知との遭遇』でも、地球人と宇宙人との間の言語によるコミュニケイションが問題になっています。

『太陽の帝国』にも、主人公の少年がラテン語や新しい英単語を学ぶシーンがありますし、『フック』の主人公ピーターも、手を動かすしぐさ、つまり一種の「手話」を（再）習得することで、子どもの世界に戻っていきます。

また、先に挙げた『戦火の馬』でも、最大の感動は、言語の習得をめぐってもたらされます。馬はイギリス人の飼い主アルバートによって、口笛で呼びよせられるよう訓練を受けます。それから時が経ち、馬は戦火に巻き込まれて、塹壕の中間地帯で怪我をしてしまいます。馬はイギリス軍が保護しますが、殺処分されそうになります。その話が、たまたま同じ拠点にいたアルバートに伝わります（これが先ほど紹介したシーンです）。アルバートは自分の馬なんじゃないかと思って、かつて馬に教えた口笛を吹いてみます。すると画面外でその音を聞いた馬が、飼い主のもとへとやってくる。馬は口笛を言語として習得していたからこそ、生き延びることができるわけです。

＊10：劇中でE．T．は、「E.T. phone home」と繰り返します。Home（故郷）はしばしば、スピルバーグの最重要テーマの一つだとみなされています。たとえば『ミュンヘン』では、主人公たちユダヤ人が、敵対するPLOのアラブ人と同じ宿に居合せたとき、別組織を装いながら、Homeについて話してやり過ごします。また『クリスタル・スカルの王国』では、return（帰還）という単語を、オックスが繰り返します。監獄に囚われていたとき、壁にreturnをいくつもの言語で彫っていますし、インディ再会時にもreturnを繰り返します。

「ジュニア」も反復する

「ジュニア」[*11]というテーマも、「同じものの反復」の派生物でしょう。スピルバーグには、父と子を「同じもの」として反復させるクセがあるのです。

スピルバーグの映画でジュニアと言えば、『**インディ・ジョーンズ**』シリーズを思い浮かべる人は多いでしょう。インディは「インディアナ・ジョーンズ」と名乗っていますが、『最後の聖戦』では父から「ジュニア」と呼ばれています。彼の名が父と同じ「ヘンリー」で、「ヘンリー・ジョーンズ・ジュニア」が本名だからです。『クリスタル・スカルの王国』でも、このジュニアという問題が扱われています。同作におけるジュニアは、インディ一人だけではありません。インディと一緒に冒険をするマットという青年は、物語が進むと実名が「ヘンリー」で、インディの息子であることが発覚します（そのためインディは彼を「ジュニア」と呼ぶようになります）。

冒険が終わると、インディはヒロインのマリオンと結婚します。ここでも、反復の問題が現れます。結婚式会場でオックスが「ヘンリー、よくやった」と言うと、インディとマットが声をそろえて「ありがとう、オックス」と返します。[*12]

それに続いて結婚式会場の扉が開くと、近くに掛けられていたインディの帽子が、マットのほうへと飛んでいきます。マットは帽子を拾い上げてかぶろうとしますが、

***11**：たとえば、『キャッチ・ミー・イフ・ユーキャン』では、主人公とその父は同じ名前で、息子はジュニアと呼ばれています。また、二人とも詐欺師のようなことをしているという点も同じです。

***12**：ちなみにオックスは、他のシーンでインディを呼ぶ際に「ヘンリー・ジョーンズ・ジュニア」と、「ジュニア」の部分を強調します。

インディが帽子を横取りして、式場の外へと歩いていきます。次回からは息子の僕が主人公ですというメッセージに見せかけて、ハリソン・フォードが、次回も私がインディアナ・ジョーンズですよと訂正して終わるわけです。

『オールウェイズ』については、少し別の視点からジュニアの問題を指摘できます。『オールウェイズ』の主人公は、事故で死亡して幽霊になった、ピートという中年男性です。彼にはドリンダという恋人がいました。ドリンダはピートが死んで1年ほどすると、テッドという若者を好きになります。ドリンダからすると、テッドにはどこか、ピートと似た部分があります。つまりテッドは、ピートのジュニアのような人物なのです。必ずしも父子の関係になくとも、「同じ人の反復」というかたちでジュニアを問題にした作品があるということです。

また『ターミナル』では、ジュニアの問題が他の反復と絡み合いながら現れます。同作の重要なテーマの一つは、「誰もが何かを待っている」です。ナボルスキーは、空港の外に出ることのできる日を待っています。アメリアも、好きな男性からポケベルに連絡がくるのをずっと待っています。一時、両者はともに待つことをやめようという展開になりますが、それも結局は立ち消えとなります。

物語が進むと、ナボルスキーのお父さんも、待つ存在だったことがわかります。お

◎**オールウェイズ**
1989年／123分
内容：飛行機で山火事の消火活動を行うピート。ある日の消火活動中、同僚を助けようとして死亡するが、天使の命令を受けて、現世の若手パイロット、テッドの守護霊になる。そのテッドに、ピートの元恋人ドリンダが好意を抱いたことで、ピートは煩悶する。

父さんはニューヨークのジャズミュージシャンに手紙を送ってサインをもらい、大切に保管していました。しかし、最後の一人からサインをもらうことが叶わないまま、亡くなってしまいます。この最後の一人からサインをもらうことが、ナボルスキーの目的です。この点でナボルスキーは、父の行為を反復している、と言うことができます。

つまりナボルスキーは、アメリアとは「何かを待つ」存在として同じであり、父とは、「ニューヨークでジャズミュージシャンからサインをもらう」という目的で同じです。同じものの反復が縦横に交錯しているわけです。

コピーが画面に溢れる

同一物の反復が、よりわかりやすいかたちで画面に出現するのは、**「コピー（複写）」**としてのことでしょう。いくつか作品を取り上げましょう。

『ターミナル』では、ナボルスキーが印刷機に押さえつけられるシーンがあります。その拍子に印刷機が動き出し、読み取りガラスに置かれたナボルスキーの手が、どんどん紙に印刷されていきます。この手のコピーは、ナボルスキーが空港で信頼されるようになると、空港内のどの店舗も店先に掲げるようになります。つまり、同じものがいくつも複写されて、画面中にばら撒かれるわけです。

これと同様のことが、『クリスタル・スカルの王国』でも起きます。タイトルが示している通り、本作はクリスタル・スカルが中心的なフィギュアです。そのフィギュアが、遺跡に行くと至るところに散りばめられています。物として置いてあるだけでなく、壁にも模様が配されています。

『ペンタゴン・ペーパーズ／最高機密文書』でも重要なのはコピーです。「機密文書を暴露する」という以上に、それが何万部、何十万部も新聞記事として印刷されることが重要なのです。それを見せるのが最後の、新聞の輪転機を映す長いシーンです。ここにも、同じものを無数に増殖させて、そこから、質（暴露）の力よりもむしろ、物の量（コピー）の力を引き出すという、スピルバーグのクセがよく現れています。

一方で、複写数が多くないケースもあります。「インディ・ジョーンズ」シリーズの1作目『レイダース／失われたアーク《聖櫃》』では、ナチスの将校が熱くなった杖飾りに触れたことで、杖飾りの模様が火傷跡として手に残ります。そしてその手から、杖飾りの複製がつくられます。まさに印刷であり、複写です。複製は一つだけで

◎ペンタゴン・ペーパーズ／最高機密文書
2017年／116分
内容：1971年、ベトナム戦争に関する国防総省の機密文書「ペンタゴン・ペーパーズ」の一部が新聞社にスクープされ、政府が隠してきた事実が明らかとなった。政府が差し止めを要求する中、ライバル社は全文を入手すべく奔走する。

すが、これも「同じものの反復」です。

もう一つ、別種のコピーも紹介しましょう。主人公がコピーを通じて七変化する**『キャッチ・ミー・イフ・ユー・キャン』**です。

レオナルド・ディカプリオ演じる主人公は、弁護士や医者などになりすまして詐欺をはたらきます。なりすますとき参考にするのは、テレビドラマのキャラクターです。そのせいで、弁護士になりきろうとしたときには、ドラマの影響でおかしな行動をとったりします。[*13]

また、「空のジェームズ・ボンドみたい」と言われたときにはジェームズ・ボンドの映画を見て当人になり切ろうとしますし、漫画の登場人物の名前を偽名に使ったりもします。至る場面でコピーが問題になっていることがわかります。作品タイトル(できるもんなら捕まえてみろ)は、コピーの捕え難さ、同じものが増殖してしまったときの、そこへの差異の埋没を意味するものでしょう。

クセを知るには『クリスタル・スカルの王国』がオススメ

ここまでの話をまとめましょう。

◎**キャッチ・ミー・イフ・ユー・キャン**
2002年/141分
内容：フランク（レオナルド・ディカプリオ）は、偽装小切手で生活をする詐欺師。FBIに追われるが、あらゆる身分になりすまして、追跡を逃れていく。

＊13：主人公は公判前に予審を行い、裁判官と二人で、公判にすべきか確認作業をしていきます。しかし、主人公は陪審員や被告がいるドラマを見て裁判を学んだせいで、周りに人がいる体裁で話し続けます。そのため裁判官から、頭が変なのではないかと疑われてしまいます。

画面に同じものが無数に溢れるときの量の力に、スピルバーグは関心を持っている。これが、私の考えです。平穏な風景の中に、異質な何かが一つ入り込む。その「1」が大量増殖して、風景全体を一変させる。そうした「1」を、スピルバーグは熱心に描いてきました。どんな物語であろうと、どんなジャンルであろうと、スピルバーグが結局撮ってしまうのは、同一物の反復とそれによる物量の力を、我々に突きつける映画なのです。

このクセを理解するうえでオススメの作品は、『クリスタル・スカルの王国』です。二度と見たくないという意見が少なからずある同作ですが、それはまさに、1回見ただけで何回も見たような気にさせられるほど反復で溢れ返っているためです。

1匹の猿が現れると、そのあとにとんでもない数の猿がキーキー鳴きながら現れたり、敵の女兵士がピストルを構えたときにアリが1匹出てくると、その次のショットで、ジープの下にとんでもない量のアリがいるのが示されたり、という具合です。「1」が増殖して大量に押し寄せてくるわかりやすい例です。*14

もちろん他のシーンや他作品からも、同じものの反復というクセは見出せます。『ジョーズ』『ジュラシック・パーク』『宇宙戦争』『フェイブルマンズ』……。ぜひ探してみてください。

＊14：これは、アルフレッド・ヒッチコックの手法でもあります。『鳥』では、突然カモメが1匹現れて、女性の頭にこつんとぶつかる。それが、逆戻りのできないほど世界が変容する始まりとなります（ヒッチコックのクセについてはのちに詳述します）。

02

クエンティン・タランティーノのクセ
クソ、ウンコ

タランティーノはこんな人

・1963年3月27日生まれ
・アメリカ合衆国／テネシー州ノックスビル出身
・映画好きの母の影響で、幼い頃から映画に熱中する。
・高校中退後、演技を学ぶかたわらレンタルビデオ屋の店員になり、店中の映画を鑑賞する。この頃、古今東西のあらゆる映画にのめり込む。
・ハリウッドに売り込んだ脚本の映画化が決定。のちにトニー・スコット『トゥルー・ロマンス』(93)、オリバー・ストーン『ナチュラル・ボーン・キラーズ』(94)として公開される。
・1991年、俳優のハーヴェイ・カイテルにあと押しされ、『レザボア・ドッグス』で監督デビュー。低予算ながら注目を集める。2作目の『パルプ・フィクション』(94)では、カンヌ国際映画祭でパルム・ドール（最高賞）、米アカデミー賞では脚本賞を受賞。以降も、話題作を発表し続けている。
・10作を監督したら引退すると公言（『キル・ビル』はVol.1とVol.2で一作の扱い）。

タランティーノのクセは「クソ、ウンコ」

続いて、クエンティン・タランティーノのクセについて、考えていきます。タランティーノのクセをひとことで言うと、「**クソ**」です。なんだそれは!? と思うかもしれませんが、ウンコとか、シットとか言われているものですね。もう少し真面目な言葉で言えば、クソ＝近代の規範から外れる、ということです。犬にもいろいろな犬がいるのと同じで、クソにもいろんなクソがあります。クソな人間、クソな社会、クソな歴史。多様な意味でのクソを、タランティーノは問題にしています。

デビュー作の『**レザボア・ドッグス**』では、登場人物のチンピラたちが、ボスから色で名前をつけられます。お前はミスター・ブラック、お前はミスター・ピンク、という具合です。タランティーノ自身も出演しているのですが、彼はミスター・ブラウンと名づけられます。スティーヴ・ブシェミはミスター・ピンクと言われて不服な様子ですが、タランティーノはミスター・ブラウンだと言われると、「それってミスター・シットってことか」とちょっと嬉しそうに言います。嬉しそうだというのが重要です。ウンコみたいなもの、クソ野郎になってみたいという思いがあるからこそ、タラン

◎**レザボア・ドッグス**
1992年／100分
内容：宝石店強盗を目論み集まった、6人の男たち。裏社会のボスに手配され、素性は互いによく知らない。計画は完璧なはずだったが、警察の返り討ちにあって、散り散りに逃亡する。待ち合わせ場所に逃げた面々は、裏切り者がいるのではないかと、互いを疑い始める。

ティーノは喜んでいる。まずはそう思ってください。

彼は古今東西いろいろな映画を見ていて、日本映画で言ったら深作欣二とか中島貞夫[*1]が好きなんですね。そういう映画で、タランティーノはたくさんのシットな存在に触れています。だけど自分自身は必ずしもシットな存在じゃないから、クソ野郎になりたいと、**シットへの憧憬を募らせている**わけです。アンダーグラウンドな音楽を聴いて悪ぶるような、そういう種類の憧れだと言ってもいいでしょう。

シットに憧れるのは、ミスター・ブラウンだけではありません。登場人物のいずれもがシット的な存在になることに憧れており、憧れの対象を模倣しています。だからこそ、彼らは汚い言葉遣いで、乱暴な行動をとります。

と同時に、彼らは自分たちがシットでないことに気づいています。シットになろうとすればするほど、シットと自分との隔絶を感じるし、観客にもそれを感じさせる。たとえば、ブシェミ演じるミスター・ピンクは何かと文句を口にしますが、ちょっときつく注意されるとすぐに委縮して、シットになりきれません。『レザボア・ドッグス』では、みながそういうシットになりきれない存在として位置づけられています。

では、シットそのものは出てこないのかというと、そんなことはありません。冒頭にだけ、出てくる。ミスター・ブルーを演じているエディ・バンカーです〈**図版1**〉。

＊1：深作欣二も中島貞夫も、1960年代から東映で映画を撮るようになった監督で、ヤクザ映画を得意としていました。

エディ・バンカーは、子どものときから何度も犯罪に手を染めてきた本物の犯罪者、本物のワル、真性のシットです。ただし、冒頭にしか出てこない。彼が退場することで作品は始まり、「レザボア・ドッグス」（貯水池に落っこちた犬っころ）と呼ばれる偽物のクソの集まりが描かれていくことになります。

『パルプ・フィクション』でクソのとらえ方が変化

『レザボア・ドッグス』と次作の『パルプ・フィクション』には、面白い関係が見出せます。

『パルプ・フィクション』はダイナーのシーンから始まり、ダイナーのシーンで終わります。

冒頭には、『レザボア・ドッグス』にも出演していたティム・ロスが、ダイナーで強盗を試みるチンピラ役で出てきます。『レザボア・ドッグス』では、ミスター・オレンジという役名でした。本当は刑事で、潜入捜査をしている人です。だから正体を隠すために、みんなと仲間だということをはっきりさせようと、クソ的振る舞いに他の人以上に勤しんでいます。ウンコの模倣をそのように際立たせていた人物が、『パルプ・フィクション』の冒頭に、チンピラとして出てくる。しかも名前は、パンプキ

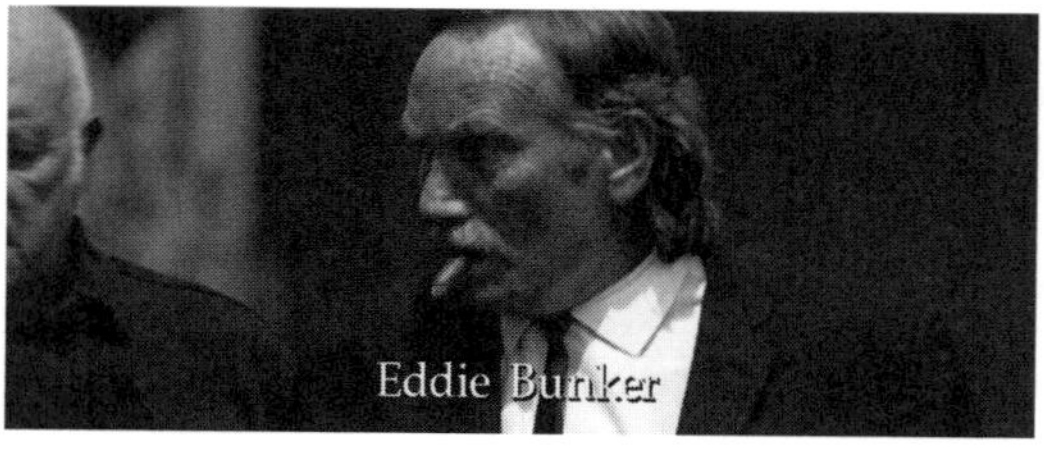

〈図版1〉ミスター・ブルーを演じるエディ・バンカー（『レザボア・ドッグス』クエンティン・タランティーノ　1992年）

ンです（ミスター・オレンジと同じ色）。ティム・ロスは、『パルプ・フィクション』を『レザボア・ドッグス』と連続させる役割を担っているわけです。

作品の最後でのダイナーのシーンへの回帰で起こるのは、その連続性の切断です。はじめは、パンプキンがつくり出した偽物のクソ空間がある。しかしそこに、サミュエル・L・ジャクソン演じるジュールスが介入し、様子が一変する。サミュエル・L・ジャクソンは、ティム・ロスのような偽のウンコではありません。真にウンコな人として、チンピラのウンコごっこを打ち壊す人物として登場してきます。いわば、『レザボア・ドッグス』の冒頭で消えた本物のウンコが、『パルプ・フィクション』の最後で、スクリーンに戻ってくるわけです。

◎パルプ・フィクション
1994年／154分
内容：ダイナーで強盗をするカップル、ボスが盗まれたトランクを奪い返そうとする二人組のギャング、八百長試合をするはずが勝利してしまうボクサー。無関係に見える人々が、思わぬ場面で交錯していく。

ウンコが出発点になった『ジャッキー・ブラウン』

サミュエル・L・ジャクソンは、エディ・バンカーと同様に、本物のウンコですが、しかし、みなから憧れられている模倣の対象、目指すべき到達点ではもはやありません。道端にいくらでも落ちているような日常的なウンコとして登場してきます。

次作の『**ジャッキー・ブラウン**』は、まさにそういう「**普通のウンコ**」についての作品です。『ジャッキー・ブラウン』の何よりも重要な点は、ブラウンという名字です。

◎ジャッキー・ブラウン
1997年／155分
内容：CAのジャッキー・ブラウンは生活のため、武器密売人の運び屋をしていた。しかし、密売人を追っていた捜査官に逮捕され、取引を持ちかけられることになる。

『レザボア・ドッグス』の冒頭でタランティーノを喜ばせたのと同じ、あのブラウン姓が回帰してくるわけです。

ジャッキー・ブラウン役としてパム・グリア[*2]が選ばれたのは、おそらく、『パルプ・フィクション』でサミュエル・L・ジャクソンが選ばれたのと同様に、タランティーノが彼女にクソ性を見出しているからです。

ウンコの普通化、日常性への書き込みは、オープニングクレジットからはっきり行われています。空港の動く歩道に、パム・グリアが乗っている。カメラはその様子を、真横から同じ速度で、トラベリングで追う。パム・グリアは、あたかもベルトコンベアで運ばれているかのようです〈図版2〉。ベルトコンベアで運ばれる大量生産物の凡庸さをまとって、ブラウンというクソ姓の人が登場する、ということです。

これはつまり、『レザボア・ドッグス』では憧れの対象だったウンコが、『ジャッキー・ブラウン』では当たり前のものになったということです。ウンコは到達点ではなく、出発点に位置づけ直されたのです。

映画におけるクソの問題

〈図版2〉空港の動く歩道で移動するジャッキー・ブラウン（『ジャッキー・ブラウン』クエンティン・タランティーノ　1997年）

クソの位置づけが変わったからどうしたんだと思うかもしれませんが、この問題は映画一般を考えるうえでも、非常に重要です。よりわかりやすくなるよう、他の監督の仕事も引き合いに出しましょう。

たとえば宮崎駿も、ウンコを問題にしています。『風の谷のナウシカ』を例に考えましょう。語られるのは要するに、地球がウンコ状態になっているから、どうにかしなきゃねという話です。腐海《ふかい》とは人類が生み出したクソの膨大な蓄積にほかなりません。

ただ、宮崎駿は希望を残すために、世界のクソ化の度合いをあらかじめ低く設定しています。最終的に、芋虫が鼻毛を出す。その鼻毛が光り輝いて、ナウシカが蘇る。そういう希望を確保するために、腐海のウンコ度を低く見積もっているのです。

大映の増村保造の場合、世界のクソ度をもっと高くとらえます。たとえば『赤い天使』は、若尾文子《わかおあやこ》演じる従軍看護婦が、傷病兵から強姦されるシーンから始まります。そういうひどい現実、社会や世界がどのくらいクソなのかを、増村は、希望から逆算せずに、現実に即してしっかり把握しようとしているのです。

クソを問題にする映画は、二つに大別することができます。

一つは『レザボア・ドッグス』のように、クソが憧れの対象、目指すべき理想と位

＊2:そもそも『ジャッキー・ブラウン』は、パム・グリアのためにタランティーノが脚本を書いた作品です。パム・グリアは黒人向け映画の常連俳優で、ドラッグやセックス、暴力などクソを問題にした作品に何本も出演してきました。また彼女自身が過去に性被害に遭っており、クソな社会を経験しています。

置づけられる系列。もう一つは『風の谷のナウシカ』や『赤い天使』のように、クソを出発点に位置づける系列です。『ジャッキー・ブラウン』は後者に分類されます。つまりタランティーノは、『パルプ・フィクション』を蝶番《ちょうつがい》にして、クソに対する立場を一変させたのです。

クソとの戦いを導入した『キル・ビル』

『ジャッキー・ブラウン』のパム・グリアはもともと、強いクソ性を有する役者であり、それが理由で、主役に登用されました。これに対して『キル・ビル』シリーズのユマ・サーマンは元来、いわば、クソの対極にある役者です。非クソ的な俳優から、いかにしてクソ性を引き出すか。ユマ・サーマンとともにタランティーノが取り組んでいるのはこの問題です。

ユマ・サーマンは、『パルプ・フィクション』にも出演しています。同作では、カツラをかぶせるなど、加算的なやり方、すなわち盛っていくことで、どうにかウンコのほうに持っていこうとしていました。

『キル・ビル』では反対に、**「引く」ことでウンコ性を引き出そうとします。**

ユマ・サーマン演じるブライドは、冒頭でかつての殺し屋仲間から殺されかけ、妊

◎キル・ビル
「Vol.1」（2003年／113分）
「Vol.2」（2004年／136分）
内容：殺し屋だったブライド（ユマ・サーマン）は、結婚式当日に元ボス、ビルとその一味の襲撃を受けて夫と身ごもった子どもを失い、自身も昏睡状態に陥る。目覚めたブライドは、ビルと組織の殺し屋たちに復讐を誓う。

娠していた子どもを失います。昏睡状態で入院しているブライドの肌を、カメラは至近距離からとらえます。蚊が止まって血を吸う様子が、ユマ・サーマンの肌とともにスクリーンいっぱいに映し出される。そういう肌のレベルでユマ・サーマンに迫る。飾り立ててクソに導くのではなく、誰もが有しているであろう根源的なクソ性を身体そのものから引き出そうとしているのです。

タランティーノは『ジャッキー・ブラウン』でも『キル・ビル』でも、世界の実体＝ウンコから出発します。希望とかなんとか言っても、世界の実体から出発してそれに向かわなければ、なんのリアリティもないからです。

クソな世界を見せ、そこから出発しなければいけませんが、クソを見せること自体は難しいことです。下手をすれば、嘘っぽいものになってしまいます。出発点であるクソに、まずは到達しなければいけない。そういう、クソをめぐる出発と到達のパラドックスに、タランティーノは直面します。

『ジャッキー・ブラウン』には、パム・グリアとサミュエル・L・ジャクソン[*3]以外にも、後者の家にいる若い白人の女性のように、いろいろな種類のクソがごちゃごちゃといました。いわばクソの百貨店であり、そうしたクソの日常的溢れ返りを見せることと自体が問題となっていました。

『キル・ビル』では、しかし、そういうクソに対して、ユマ・サーマン演じるブライ

＊3：サミュエル・L・ジャクソンは『パルプ・フィクション』に続き、『ジャッキー・ブラウン』にも武器密売人のオデール役で出演しています。つまり引き続き、クソを体現した存在として登場しています。

ドが、**戦いを挑む**ことになります。ブライド自身も含まれている世界の根源的なクソ性と戦い、それに勝利する。『ジャッキー・ブラウン』で開かれたクソ世界が、『キル・ビル』シリーズでは、新たに、打倒すべき対象に位置づけ直されたということです。

映像も語りもクソな『デス・プルーフ in グラインドハウス』

『デス・プルーフ in グラインドハウス』でも引き続き、クソ問題が追究されます。『デス・プルーフ』は、スタントマンの男マイクが、特別仕様の車で女性たちを血祭りに上げようとする前半と、女性たちが逆襲する後半との2部構成になっており、どちらでも車や車道が画面の大半を占めています。

映画史において、フィルムが一方的・自動的に突き進むという直線的展開は、[*4] 車輪や線路、車道に度々、重ね合わせられてきました。[*5] 直線的展開には当然、世界のクソ性を含むケースも多々あります。『デス・プルーフ』でも、フィルムはウンコの流れそのものとして扱われています。

車道とフィルムの展開が一致し、『デス・プルーフ』の女性たちは死の危険のあるクソな試練へと一直線に突き進んでいきます。しかも、**車道は2車線**です。[*6] 映像と音声とがパラレルに、それぞれ真っ直ぐ進むのです。

◎**デス・プルーフ in グラインドハウス**
2007年/113分
内容：中年スタントマンのマイクは、特別仕様のシボレーで女性を惨殺する殺人鬼。マイクに狙われた女性たちは次々と、死のドライブに巻き込まれていく。

＊**4**：映画館では基本的に、観客は自分の意思で映画を止めることができません。映画は映写機によって、自動的に上映されます。この意味で、本や絵画とは異なり、映画は一方的・自動的に展開するメディアです。

＊**5**：映画は誕生間もない頃から、鉄道を盛んに被写体としてきました。どちらも当時最先端の技術ですし、上映されるフィルムの回転と車輪の回転が似ているなど、類似点もあります。そうした類似性に注目した監

『デス・プルーフ』の音声で中心をなしているのは**語り**です。登場人物たちの下世話でクソな会話[＊7]が、車を中心としたクソな映像と、2車線をなして走っていきます。そして最後には二つのクソの流れがクラッシュして、作品は終わります。

クソと正義が衝突する『イングロリアス・バスターズ』

次の『**イングロリアス・バスターズ**』では、タイトルにおいてすでに、音声と映像の両レベルで同時に、クソがつくり出されています。

原題はInglourious Basterdsで、発音した場合に理解される意味は「不名誉な非嫡出子」です。これは、「クソ野郎ども」といったこととほぼ同義でしょう。同時に、クソ野郎しか犯し得ないような綴り間違いもあります。しかも2箇所です。Inglouriousはloに続いてuが余計に入っていますし、Basterdsのほうはeではなくaが正しい綴りです。そのように、見た目＝映像レベルでもクソなタイトルになっています。

『イングロリアス・バスターズ』で重要なのは、**「正義」**がはっきりと導入されたという点です。クソにまったく汚染されていない正義。そういう正義を担う人が出てきて、クソと戦います。

作品の終盤から、具体的に考えてみましょう。

督たちが、両者を関連づけて映画をつくってきた歴史があります。

＊6：フィルム＝車道＝2車線という考えは、ウンコに関係なく映画史で問題になっています。有名なのは『断絶』（71）という、互いの車を賭けてレースをする作品です。原題はTwo-Lane Blacktop、直訳すると「2車線アスファルト舗装道路」です。

＊7：タランティーノは『レザボア・ドッグス』のときから語りを映像から浮いた自立した何かとして、位置づけています。マドンナの『ライク・ア・ヴァージン』がどんな意味だとか、自分たちの性生活はどうだとか、どうでもいいクソな話を、登場人物はよくしています。

舞台は、占領下フランスの映画館です。ナチスの高官が一堂に会して、国策映画のプレミア上映が行われることになります。

ここに、三つの勢力が集います。

一つは、映画館の持ち主であるショシャナとマルセルのグループです。*8 ユダヤ人のショシャナは、家族を殺したナチスへの復讐を胸に秘めています。

その対極にあるグループが、ナチスの高官たちです。そのうちのハンス・ランダという人が、ショシャナの家族殺害を命じた張本人で、完全にクソとして存在しています。

そして両グループの間に、綴り間違いのイングロリアス・バスターズのみなさんがいます。彼らはレイン中尉のもとに組織されたユダヤ系アメリカ人の特殊部隊で、ナチスも恐れる過激集団です。

こうした錯綜した力関係を体現するのが、**映写室に堆積したフィルム**です。とぐろを巻いて堆積するウンコのごとく、大量のフィルムがマルセルの目の前で山積みになっています**〈図版3〉**。これを燃やして火事を起こすことで、ナチスを焼き殺し尽くそうとするわけです。

マルセルのような正義の体現者がいる一方で、イングロリアス・バスターズはクソであると同時に正義でもあるという、中間のような存在です。「一見正

〈図版3〉 映写室のフィルム（『イングロリアス・バスターズ』クエンティン・タランティーノ　2009年）

しい綴りに見えるんだけど、よく見ると間違っている」彼らは、いわばクソの正義的活用を担う人たちとして、介入してくるわけです。

そのリーダーが、ブラッド・ピット演じるレイン中尉です。

レインはイタリア語が一番できるということで、上映会に参加しています。だけど本当は、まったく話せません。部下の二人はイタリア語っぽい発音で話していますが、ブラッド・ピットは誰がどう聞いても、アメリカ人英語の発音になっている。そういうところにも、レインのクソぶりが現れています。

正義の人たちが登場すると同時に、クソの正義的活用を担う存在も登場する。これが、『イングロリアス・バスターズ』による「正義」の導入です。

スピルバーグと同じく言語を重視

『デス・プルーフ』と同様に、音声も『イングロリアス・バスターズ』では重要です。『デス・プルーフ』では会話のクソ性が問題となりましたが、今度は**言語そのものの次元でクソが問われます。**

ナチスのプレミア上映会に潜入するため、イングロリアス・バスターズはドイツ軍将校に化けて、フランスの田舎町で協力者に会います。イギリスの将校でドイツ

◎イングロリアス・バスターズ
2009年／152分
内容：第二次世界大戦中のフランスに、ユダヤ系アメリカ人の米軍特殊部隊イングロリアス・バスターズがやってきた。目的は、映画館に集まったナチス高官の打倒。そこに、家族をナチスに殺された映画館主のショシャナが現れ……。

＊8：興味深いことに、ショシャナとマルセルはまったくクソではなく、完全に正義です。マルセルは、アフリカ系フランス人の男性です。念のため言っておくと、これまで登場した黒人は世界のクソ性を引き受ける存在でしたが、別に黒人そのものがクソだというわけではありません。歴史的に見て、黒人は世界のクソ性から大きな被害を受けた存在です。だから世界のクソ性を体現できるわけですが、マルセルは完全に正義な人として撮られています。

語が堪能な、ヒコックスも一緒です。しかし、集合場所のバーには、たまたま本物のドイツ軍兵士も集まっていた。ヒコックスのドイツ語は流暢に聞こえるけど、ドイツの将校はおかしななまりがあると怪しみます。ここには、ぱっと見は正しいスペルのようだけど、よく見ると、小さな間違いがあるという、Inglourious Basterdsと似た問題が立っています。

作品タイトルが生み出してるのは、発音だけ聞けば正しいが、文字を見たら間違っているという、音声と映像のズレだとも言えます。バーのシーンでは、これと同種のズレも問題になります。ヒコックスの話し方はどこかの村のなまりだろうということで、一応は納得されます。じゃあウイスキーを飲もうとなって、ヒコックスがグラスを三つと指で合図をしたときに、正体がバレます。ドイツ式の指の使い方ではなかったためです**〈図版４〉**。ここでも、音声ではなんとかドイツ人として通っても、映像では正体を露呈させてしまうわけです。

別の例も挙げましょう。クリストフ・ヴァルツ演じるナチスのハンス・ランダ大佐は、ドイツ語に加え、フランス語も話すことができます。それだけではなく、イタリア語まで流暢にしゃべることができます。プレミア上映会に潜入したバスターズは、誰もイタリア語なんてわからないだろうと高をくくってイタリア人に変装していましたから、ランダがイタリア語を話すのを聞いて、驚くわけで

〈図版４〉ナチス将校の前で、指のジェスチャーを間違えるヒコックス（『イングロリアス・バスターズ』クエンティン・タランティーノ　２００９年）

す。この驚きもまた、見た目と音声のズレから生じるものです。

以上のような言語への関心は、タランティーノ映画をスピルバーグ映画に結びつけるものでしょう。前章で触れた通り、スピルバーグは言語に対して並ならぬ関心を抱いています。また、同様の関心は、『未知との遭遇』に出演したフランス人映画監督トリュフォーにも見出せます。

やり方は異なりますし、意識的かどうかも定かではありませんが、言語の問題*9が、トリュフォーとスピルバーグとタランティーノをつないでいる。クセに着目することで、無関係に見える三者にそんなつながりを見つけることもできます。

黒人が正義で白人がクソになる『ジャンゴ 繋がれざる者』

『ジャンゴ 繋がれざる者』では、クソはまた新たな展開を見せることになります。同作は、バウンティハンター（賞金稼ぎ）の話です。奴隷だった黒人のジャンゴが、生き別れた妻を探すためにバウンティハンターになります。

バウンティハンターは、一般に、一種の法執行者であると同時にアウトローでもあります。法の中にいると同時に、法の外にもいる。正義であると同時にクソでもある。『イングロリアス・バスターズ』のバスターズにも、正義とクソの似たような共存が

＊9：次作の『ジャンゴ 繋がれざる者』にも、言語への関心は見出せます。たとえば主人公のジャンゴは奥さんを探す際、彼女がドイツ語を話せることを手がかりにします。
また、ディカプリオ演じる農園主のキャンディも、言語と結びつけられた人物です。キャンディはフランス語が好きで、周りからはムッシュ・キャンディと呼ばれます。だけど実際にはフランス語をしゃべれず、人がしゃべったら苛立つ。でも、ジャンゴの相棒シュルツはいつも彼を、フランス風の発音で「ムッシュ・カンディ」と呼んでしまいます。

ありました。

しかもジャンゴの相棒になるシュルツの場合、ただ単に法の執行者として正義を体現しているだけではありません。彼は奴隷制反対の立場から、奴隷だったジャンゴを解放します。そういう正義に突き動かされているアウトローなわけです。

ジャンゴ自身のほうは、『イングロリアス・バスターズ』の映写技師マルセルに比し得るような、クソではない正義の黒人です。

ジャンゴは、バウンティハンターのシュルツとコンビを組むことで、**クソを演じる**ことになります。でもうまくできず、演じ過ぎだとシュルツから注意されたりもします。『レザボア・ドッグス』でも、クソを演じることが問題となっていました。ただし、クソに憧れてクソを演じたけどやっぱりクソになれませんでした、といったことで、正義の問題は立っていませんでした。これに対して『ジャンゴ』では、正義を実現するためにクソが演じられることになるわけです。

『ジャンゴ』には、**黒人＝正義**というはっきりした等式があります。黒人で正義から外れているのは、サミュエル・L・ジャクソン演じる老執事だけで、残りの黒人全員が正義そのものとして登場します。

一方で、シュルツとジャンゴが追う白人は、全員クソとして存在しています。ディカプリオ演じるキャンディの部下として出てくる人たちも、全員クソです。正義とク

◎ジャンゴ 繋がれざる者
2012年／165分
内容：19世紀半ばの米国南部テキサスで、奴隷として売り出された黒人のジャンゴ。賞金稼ぎで奴隷制解放論者のシュルツに助けられると、賞金稼ぎに扮して、生き別れたブルームヒルダを探す旅に出かける。

ソの分割が、奴隷制という深刻な問題に深く根差して成立しているのが、面白いところです。

『ジャンゴ』に続いてタランティーノは『ヘイトフル・エイト』[*10]、そして『ワンス・アポン・ア・タイム・イン・ハリウッド』を撮ります。それら2本でも、クソは新たな展開を見せているはずです。

クセを知るには『イングロリアス・バスターズ』がオススメ

タランティーノのクセを理解するうえでオススメの1本は、『イングロリアス・バスターズ』です。タイトルからも内容からも、クソに溢れた映画であることがわかりますし、クソが正義として活用されるという、新しい問題も提示されている、興味深い作品です。

＊10：『ヘイトフル・エイト』のエイトは、登場人物の8人のことととして考えてみましょう。『レザボア・ドッグス』『イングロリアス・バスターズ』と同じく、集団名がタイトルになっています。また「ヘイトフル」は、シットと同義です。全員シットな人たちが『レザボア・ドッグス』と同じく、1カ所に集まって話す、語りを重視した作品です。もちろん、クソに憧れてクソになろうとする話ではもはやありません。これまでのクソの問題を念頭に『レザボア・ドッグス』とどう違うのか、読者のみなさんも考えてみてください。

03

ウェス・アンダーソンのクセ
平面性

ウェス・アンダーソンはこんな人

・1969年5月1日生まれ
・アメリカ合衆国／テキサス州ヒューストン出身
・子どもの頃から父親の8ミリカメラで撮影するなど、映画に親しむ。
・テキサス大学在学中、のちに俳優になるオーウェン・ウィルソンと知り合う。オーウェンの弟ルークも加わり、短編映画『Bottle Rocket』を共同制作。サンダンス国際映画祭などで注目を浴びる。
・1996年、同作が劇場長編『アンソニーのハッピーモーテル』としてリメイクされ、監督デビューを果たす。マーティン・スコセッシから高く評価される。続く『天才マックスの世界』(98) 以降、代名詞である平面的な映画づくりが評価され、ハリウッドの人気監督になる。
・『グランド・ブダペスト・ホテル』(14) ではベルリン国際映画祭の銀熊賞（審査員グランプリ）をはじめ、多くの賞を受賞。
・ウェス映画に出てきそうな場所を投稿するInstagramコミュニティ「Accidentally Wes Anderson」も、米国内外の若者を中心に人気。

ウェス・アンダーソンのクセは「平面性」

ウェス・アンダーソンのクセは、「平面性」という言葉でまとめられます。

基本的には、真正面、真横、真後ろ、真上、真下といった、「真」がつく方向からしか撮りません。

また、画面には奥行きがありません。背景は壁のように平面的で、遠近法のように消失点があって画面空間が奥まで続くということはありません。

さらに画面内に映るものは、すべてが同じ明るさで照らされています。照明が一様に画面全体を照らし、明暗がありません。

ウェス・アンダーソン映画のショットの多くは固定ショットですが、カメラが移動するときにも、「真」がつく移動しかしません。横移動であれば真横に動き、斜めに動くことはありません。被写体に対してカメラが前に行ったり後ろに行ったりする場合も、カメラの動きは真っ直ぐです。

さらに、画面の中での登場人物やものの運動も、基本的には右から左、上から下というように、直線を移動します（直線には斜めの移動も含まれます）。

空間の立体性が完全に排除されて、のっぺりとした平面世界がつくり出されます。

こうした徹底した平面性が[*1]、2作目の『天才マックスの世界』から一貫して見出せる

＊1：デビュー作の『アンソニーのハッピー・モーテル』は、平面的な作品ではありません。ただし、のちに平面世界をつくるために利用される地図や計画表、双眼鏡といったものは、すでに登場しています。

◎ライフ・アクアティック
2004年／118分
内容：海洋冒険家でドキュメンタリー監督のスティーブ・ズィスーはここ数年、ヒット作に恵まれていない。おまけに長年の撮影パートナーが、幻のサメ「ジャガーシャーク」に食べられてしまった。仲間のリベンジと名誉の回復のため、スティーブは乗組員たちと探査船で海へと向かった。

特徴です。

ショットの間にも平面世界が現れる

作品を見て、平面性がどのように表れているのか、具体的に考えていきましょう。

最初に取り上げるのは、『ライフ・アクアティック』です。海洋学者が潜水艇に乗って、ジャガーシャークという幻のサメを探すというお話です。

海洋学者一行は紆余曲折を経て、海中にてジャガーシャークに出会います。このとき、まず、ジャガーシャークが潜水艇のフロントガラス越しに、真正面から固定ショットで示されます。次いで切り返しで、船員たちが真正面から、固定ショットでとらえられます。真正面のショットどうしの切り返しによって、サメと一行とが**水平な関係**に置かれることになります**〈図版1〉**。

〈図版1〉ジャガーシャークの真正面ショット（上）と船員たちの真正面ショット（下）の切り返し（『ライフ・アクアティック』ウェス・アンダーソン　2004年）

二つのショットが**垂直性**をつくり出す場合もあります。その一例を『**天才マックスの世界**』から挙げておきます。まず、地面に倒れたマックスが、真上から撮られます。その切り返しで、倒れたマックスをのぞき込む子どもたちが、今度は真下から撮られます。上下の垂直な線が、編集によってつくり出されるわけです。

また、画面内に水平線や垂直線が引かれていることもあります。しかも1本だけでなく、**複数の水平線・垂直線が配置される**ことも、しばしばあります。

『**ファンタスティックMr．FOX**』の、子ども部屋をとらえた固定ショットを見てみましょう。画面の奥には二段ベッドが置かれ、手前のテーブルの上には鉄道模型が配置されています。鉄道模型が載るテーブルは、画面に対して水平です。さらにそのテーブルの下には、アッシュのいとこのクリストファソンが、水平に寝ています。鉄道模型の律儀な待機と、クリストファソンの眠りっぷりが、画面の複数の水平線を際立たせているわけです。

さらに、二段ベッドの上段にいるアッシュが、その様子を真っ直ぐに見下ろすことで、垂直の線がつくり出されています。しかもそのとき、アッシュは懐中電灯で画面の真下にいるクリストファソンを照らしています〈**図版2**〉。

◎天才マックスの世界
1998年／93分
内容：名門私立校ラシュモアに通う15歳の少年マックスは、課外活動はいくつも掛け持ちして精を出す一方で、成績は振るわず、退学の危機にあった。そんな中、新任の教師ローズマリーに恋をしたマックスは、持ち前の行動力を生かして彼女の気を惹こうと努力する。

◎ファンタスティックMr．FOX
2009年／87分
内容：児童文学を原作にした、ストップモーション・アニメ。家族のために泥棒稼業から足を洗い、新聞記者になったキツネのフォックス。だが、新居の向かいに農場を見つけると、本能が目覚めて家畜を盗み始め、人間たちと争いが起きる。

〈図版２〉画面の至るところに水平線と垂直線が見える（『ファンタスティック Mr.FOX』ウェス・アンダーソン　2009 年）

〈図版３〉塔から垂直に連なる人々（『ムーンライズ・キングダム』ウェス・アンダーソン 2012 年）

『**ムーンライズ・キングダム**』終盤の、夜のシーンも取り上げましょう。カメラは、教会の塔のような部分を、真横から固定のロングショットでとらえます。画面内では、塔の上から垂れるケーブルに、三人の人物がぶら下がっています。『サザエさん』のエンディングで、サザエさん一家が家に収まるショットでは、人物たちは横一列になっていますが、ここでは人物たちは垂直につらなっています**〈図版3〉**。

水平・垂直の線があるなら、**斜めの直線**もあると考えるのが自然ですよね。

斜めの直線は、『**グランド・ブダペスト・ホテル**』で初めて導入されました。ヨーロッパの架空の国にある高級ホテルが、同作の舞台です。ホテルに行くには、ケーブルカーに乗って山を登らなければいけません。山の上に建つホテルは真正面から映され、その下で、左下から右上に向かって、ケーブルカーが斜め真っ直ぐに移動します。

同じように、スキーのシーンでも斜めの直線移動がありましたし、脱獄のシーンでも、はしごを使って斜めの運動がつくり出されています。

一つのショット内に平面的映像が次々と現れる

◎**ムーンライズ・キングダム**
2012年/94分
内容：ニューイングランド沖の小さな島に暮らす少年サムが、ボーイスカウトのキャンプから突然、姿を消した。同い年の少女スージーと、居場所を求めて駆け落ちしたようだ。二人は入り江にある、「ムーンライズ・キングダム」と呼ばれる特別な場所へと向かった。

◎**グランド・ブダペスト・ホテル**
2014年/100分
内容：グスタヴ・Hは、一流ホテル「グランド・ブダペスト・ホテル」を仕切るコンシェルジュ。常連客の大富豪の遺言により、貴重な絵画を引き継ぐが、警察から彼女を殺したと疑われ、逮捕される。疑いを晴らすため、グスタヴはボーイのムスタファとともに事件の謎を解いていく。

カメラ移動が、一つのショット内に**複数の平面的映像**を、スライドのように継起連続させるというようなことも、ウェス・アンダーソンの映画には見られます。

たとえば『ファンタスティックMr．FOX』冒頭のフォックスと奥さんが鳥を盗むシーンは、長回しで撮られています。このときカメラは横スクロールゲームのように、左から右へと直線的に横移動し、フォックスと奥さんを真横、あるいは真正面からとらえた複数の平面的映像の数珠つなぎをつくり出しています。重要なのは、そのように継起する映像の一つひとつが、独立した固定ショットのようになっているという点です。

別の例も見てみましょう。

『天才マックスの世界』には、マックスと彼が恋する女教師が、教室内の窓辺に沿って横並びに置かれている複数の水槽の魚に餌を与えるシーンがあり、やはり長回しで撮影されています。カメラは窓の外側から二人をとらえ、右から左へ、二人に合わせて真横に移動します。魚に餌を与えているときは真正面、次の水槽に移動しているときは真横から、二人は撮られています。しかも画面には、窓枠と水槽によって、水平の線が入っています。加えて移動するたびに

〈図版4〉窓枠と水槽により直線が導入されている（『天才マックスの世界』ウェス・アンダーソン1998年）

窓枠の垂直線も画面内に入り、フィルムのコマ間の仕切りのように、個々のショット内ショットの独立性を際立たせ、また、画面中央に位置するときには、スプリットスクリーンのように、一つの画面を二つの独立した画面に分割しています〈**図版4**〉。

『ダージリン急行』にも、前の二つの例とは異なる仕方でのカメラ移動があります。四人の人物が円形に、それぞれ12時、3時、6時、9時の場所に配置されています。カメラは円の中心部にあって、彼らを順に、真正面から撮っていきます。このとき、いわばカット割りの代わりに、すごいスピードでのパン[*2]がなされていきます。パンをして止まっては、またすごいスピードでパンをして止まる、ということを繰り返します。こうして全員を真正面から撮るわけです。

また同作には、横移動する列車を真横からとらえたショットもあります。列車には当たり前ですが、横並びに複数の窓があり、これがフレイム内フレイムとして機能します。窓枠で縁取られた乗客は、みな真横を向いていています。つまり、人物たちが真横を向いて収まっている複数の平面的映像の連鎖が、ここでもつくり出されているということです。

◎ダージリン急行
2007年／91分
内容：1年前の父の死をきっかけに疎遠になっていたホイットマン3兄弟は、長男フランシスの提案で、ダージリン急行に乗車。仲直りのため、インド横断旅行に出かける。

＊2：固定したカメラを左から右、右から左というふうに、水平に振る技法。パンニング。

斜めから撮る=リアルではない

ところで、ウェス・アンダーソンはなぜこうまで執拗に、平面性にこだわるのでしょうか。僕の考えでは、「斜めから撮る＝リアル」という、我々の時代の通念に対する批判です。

これだけではわかりづらいかもしれませんので、絵画を例にして説明しましょう。

レオナルド・ダ・ヴィンチの作品に、『最後の晩餐』という有名な絵がありますよね。イエスと使徒がテーブルに座って、横一列に並んだ絵です。ダ・ヴィンチはイエスたちを、真正面から描いています**〈図版5〉**。

宗教改革で、イエスを絵に描くこと自体が批判されたあと、何か新たな仕方でもう一度、絵に描いてみよう、できることなら批判者たちもぐうの音の出ないようなリアリティのある絵を描いてみ

〈図版5（上）〉レオナルド・ダ・ヴィンチ『最後の晩餐』1495－1498年
〈図版6（下）〉ティントレット『最後の晩餐』1592－1594年

よう、という運動が起こります。そうした運動を代表する一枚が、16世紀の画家ティントレットの『最後の晩餐』です。ここでは、イエスたちは左手前から右奥へと、斜めに配されたテーブルに座っています〈図版6〉。テーブルの前には、犬がリラックスをした様子で描かれています。

ダ・ヴィンチの時代には、正面から描かれた絵にリアリティがあった。そうした絵を人々は信じることができた。しかし、ティントレットの時代には、ものは斜めから見るときにこそリアルに見えるという感覚が、形成されたのです。

問題は、ティントレットの時代が今日に至るまで続いているという点にあります。読者のみなさんにとっても、ダ・ヴィンチよりもティントレットのほうが、リアルに見えるのではないでしょうか。映画も例外ではありません。斜めから撮ったり、手持ちカメラを使ったりすることで、リアルな映像が追求されてきました。

ウェス・アンダーソンは、「ものは斜めから見るときにこそリアルに見える」という通念を、くつがえそうとしているのです。そして、ものを正面からとらえたダ・ヴィンチに戻りつつ、ダ・ヴィンチから奥行きを差し引いて、いわば、平面化されたダ・ヴィンチを、新たなリアルとして、世界に流通させようとしているのです。

映画以外の表現形態との結びつき

平面世界で様々な試みをする一環として、ウェス・アンダーソンは**映画以外の表現形態**を持ち込んでもいます。

ウェス映画が好きな人なら、演劇や絵画など、映画以外の表現形態が作中でよく登場することに気づいているでしょう。それら以外にも、計画表や地図、図面、本、双眼鏡などが出てきます。

まずは**演劇**から考えてみましょう。『天才マックスの世界』では、一月単位で構成された一つひとつのシークエンスが、幕が開くことで始まるという仕方で、演劇の構造が導入されています。そして、幕が開くたびに、書割《かきわり》の平面的な光景が、正面から示されます。のちの諸作にも見られるこうした演劇的構造は、『天才マックスの世界』から導入されました。

また、平面＝演劇の導入と合わせて考えたいのが、**「死」**の問題です。

そもそも演劇では、人は死にません（役柄上死んだとしても、観客は役者その人が死んだとは思いませんよね）。『**ザ・ロイヤル・テネンバウムズ**』でも、ロイヤルが仮病を使ったり、リッチーが自殺未遂をしたりしますが、死にはしません。演劇＝平面の世界は

◎ザ・ロイヤル・テネンバウムズ
2001年／110分
内容：弁護士ロイヤルと考古学者エセルのテネンバウムズ夫婦には、天才と称される子どもがいた。長男チャス、長女マーゴ、次男リッチーだ。若くして成功した三人だが、父ロイヤルが家を出たことで、一家はバラバラに。それから22年後、ロイヤルがエセルのもとに戻ってきて、死期が近いと告白する。

死のない世界なのです。[*3]
『ザ・ロイヤル・テネンバウムズ』では、**本や絵画**も導入されています。本のページを真上から固定で撮影する。壁にかかっている肖像画はほとんどすべて、真正面から描かれています。[*4] 演劇と同様に、本や絵画も、平面性の装置だということです。

図面的な要素のある作品としては、『ライフ・アクアティック』が好例です。同作では、潜水艇を真横から撮ったショットが多くあります。それらを見ると、構造図を見ているような気にさせられます。**〈図版7〉**。

この他にも、『ダージリン急行』での予定表、『ファンタスティックMr．FOX』の計画表、『ムーンライズ・キングダム』の島の地図、『犬ヶ島』の屏風絵など、ものごとの全体的なあり様を、平面上に図式的に書き表した様々な**「見取り図」**が、ウェス映画には見出せます。そうした見取り図に従って生きる人物たちを描くからこそ、彼ら自身をとらえる映像もまた、平面的であることが求

〈図版7〉船を横から撮ったショット（『ライフ・アクアティック』ウェス・アンダーソン　2004年）

＊3：もっとも、平面の世界を揺るがすかもしれないものこそ、死です。後述するように死はたびたびウェス映画に揺さぶりをかけます。だからこそ、死を平面の世界に取り込めるかどうかが、ウェス映画では何度も問題にされています。

＊4：ただし、一つだけ例外があります。人がずらっと並んだ大きな絵だけ、人物が斜めに描かれています。他の絵は真正面から描かれていますから、この斜めの絵だけが例外的に際立つようになっています。

められるのかもしれません。

真正面システムの面白さと息苦しさ

見取り図に従った、それ自体で見取り図のような世界とでも言える、ウェス映画の平面世界は、面白いと言える一方で、息苦しくもあります。

ウェス映画の力強さは、閉じた平面世界の中に、本来その外部にとどまるはずのものも、どんどん呑み込んでいく点にあります。

ここでいう外部とは、たとえば、白人以外の人間と、動物です。ウェス映画の主要人物は白人ですが、それ以外の人間も違和感なく出てきます。『ザ・ロイヤル・テネンバウムズ』や『グランド・ブダペスト・ホテル』をはじめ、インド人が出てくる作品は多いですし、『犬ヶ島』なら犬、『ファンタスティックMr．FOX』ならキツネが主要キャラクターです。

こうした非白人・動物に対しても、ウェス・アンダーソンは白人を撮るときと同じ、真正面・真横システムを採用しています。そのため、インド人だから他者だとか、犬だから人と違うだとか、そんな印象は感じさせません。そういう意味では、**真正面システムは平等な装置であり、民主主義そのもの**です。

しかしそれは、ウェス世界とは異質な、何か差異のようなものを持ち込む可能性のあった存在ですら、ウェス世界のロジックのもとで均質化され、差異を奪われて、同化を強いられるということも意味します。これでは映画が硬直して、どの作品も同じものになってしまう恐れがあります。

このことは、監督自身がよく理解しています。だからこそ、ウェス・アンダーソンは**平面世界を揺るがし得る要素**を、なんとか導入しようとするのです。

平面世界を動揺させる要素を導入

平面世界を揺るがし得る要素とは何か。**斜め**からの撮影や**手持ちカメラ**での撮影が、まずは挙げられます。

『天才マックスの世界』で、マックスが女教師を含めた四人で、ディナーに行くシーンがあります。女教師が男友だちを連れてきたことで、マックスは怒って喧嘩腰になります。このときに、登場人物は斜めからのショットで切り返されています。

また、女教師が退職のために部屋を片付けているところに、マックスが行くシーンは、手持ちカメラで撮影されています。マックスが公衆電話で、彼の慕うハーマンに電話するシーンも手持ちカメラです。物語上の危機のときには、真正面システムから外れた仕方で撮られているわけです。

『ザ・ロイヤル・テネンバウムズ』には斜めとは別の仕方でも、**立体性**がつくり出されています。奥さんがヘンリーという黒人女性と、発掘現場を一緒に歩くシーンがあります。この様子は真横ではなく、斜めから撮られています。しかもヘンリーは穴に落ちて、画面の外部に消えてしまいます。斜めからの撮影で準備された立体性が、穴に落ちるという運動を導き、その運動によって強調されるのです。

『天才マックスの世界』と『ザ・ロイヤル・テネンバウムズ』には、**空を舞うもの**も導入されています。空を舞うものは真正面や真上、真横からは、簡単には撮れないですよね。『天才マックスの世界』だと凧やラジコン飛行機、『ザ・ロイヤル・テネンバウムズ』だとタカがそうです。

『グランド・ブダペスト・ホテル』の冒頭も見てみましょう。書斎で作家が話すシーンです。真正面から撮られている作家に向かって、画面外から子どもがいたずらで豆鉄砲を撃ってきます。するとカメラが**高速でパン**をして子どもをとらえようとするのですが、子どもを真正面から撮ることができずに、またパンをして作家に戻り、彼を真正面からとらえ直します。

ここでは、いわば、子どもを真正面システムに回収し損ねるわけですが、直ちに作家を真正面からとらえ直すことで、平面世界が崩壊するのをどうにか回避するわけです。

このパンは、ウェス・アンダーソン映画全体の、基本的なありようを示していると思います。平面世界の地獄のような安定性に対して、それを揺るがし得る要素が導入されるけれど、それでも平面世界は直ちに安定性を回復してしまう。そうした局面が、ウェス映画には多々あります。[*5]

画面全体を一様に照らす光

光の明滅も、平面世界を動揺させる装置です。

ウェス・アンダーソンの作品には、照明が消えてしまう瞬間があります（明りはすぐにつきますが）。

『ライフ・アクアティック』では船内が何度も停電しますし、『ファンタスティックMr．FOX』では、地下でランタンの光が消えて真っ暗になるシーンがあります。『ムーンライズ・キングダム』では教会にいたスージーとサムが、電気が消えるといなくなりますし、『グランド・ブダペスト・ホテル』では、懺悔のために告解室へ行くと、ついたてが下ろされて真っ暗になり、神父さんがいなくなります。[*6]

ウェス映画の特徴として、画面全体に一様に光が当たっているという話を先にしま

＊5：もう一つ、例を挙げます。『ダージリン急行』の最後に、兄弟たちが丘の頂上に立っている様子をとらえた、トラックバックを伴う、超ロングショットがあります。このショットには正面システムに収まらない大きさ、解放感がありますが、それでも平面世界が崩壊するわけではありません。

＊6：後者二つは、照明が消えることと、人がいなくなるという物語上のできごとが、結びついています。

したが、その光が消えるとは、どういう事態なのでしょうか。

画面全体に均等に光が当たっていることとは、ウェス映画では、画面の真正面に、多かれ少なかれ強力な光源が一つあり、その光源が、画面全体を一様に照らし出しているということを、意味しています。

その一つしかない光が消えれば、映像は見えなくなり、失われる。そういう、極めて脆弱な仕組みに、強固に見える平面映像、ウェスの平面世界は実は支えられている。ウェス・アンダーソンの世界には、そういうはかなさがあるのです。

『**犬ヶ島**』では、映像に明暗が導入されています。明暗のある空間の中で、局所的にではありますが、均質な光を担保するのが、スポットライトです。作品冒頭では、スポッツという名前の犬にスポットライトが当てられます。

『犬ヶ島』での明暗の導入のように、それまではシステムの外にはじかれていたものも、システムに統合していく。そういう力強さが、ウェス映画にはあるのです。

死をいかに平面世界に導入するか

平面世界を揺るがし得る要素でもっとも怖ろしいのは、おそらく死です。演劇性の話で触れた通り、死が画面内に侵入しそうになるたびに、ウェス映画はうまく身をか

◎**犬ヶ島**
2018年／101分
内容：犬の感染症が蔓延する近未来の日本を舞台にした、ストップモーション・アニメ。小林市長によって、ゴミ処理場の「犬ヶ島」に隔離された犬たち。12歳の少年小林アタリは愛犬スポッツを探すため、犬ヶ島へと向かった。

況設定です。

わして、システムの危機を切り抜けていきます。[7]

『グランド・ブダペスト・ホテル』では、**戦争**というかたちで、死が問題にされています。同作は、１９３０年代のヨーロッパが舞台で、戦争が近づいているという設定です。画面外に戦争があって、画面内にも入り込んでくるかもしれない。そういう状況設定です。

前半で、ホテル支配人のグスタヴとボーイのムスタファ君が列車で移動していると、兵士たちが乗り込んできます。移民のムスタファ君を怪しんだ兵士は彼を外に連行しようとします。平面世界の平等性が危機にさらされることになるわけですが、兵士たちの上官がホテルの常連客の息子だったことから、死の世界としての画面外へのムスタファ君の排除は回避されることになります。

また、ムスタファ君が過去の出来事として、インドで家族を惨殺されたと話すシーンがあります。惨殺は言葉で話されるだけで、映像としては示されません。ここでも死は、なんとか画面外にとどめられるわけです。いずれにせよ、非白人であるムスタファ君が、死を画面内に招き寄せ、それに対してシステムがその都度、自己防衛装置を発動させるのです。

＊７：『ムーンライズ・キングダム』でも、塔から落ちそうになった人々が、現実にはあり得ないような仕方でケーブルにぶら下がり、生きながらえたりしています。

登場人物が外部を希求する

ウェス・アンダーソンの平面世界が、外部からの異物の侵入で破壊されるに至ったことは、いまのところ一度もありません。しかし、平面世界の中に住んでいる登場人物には、**外部を希求している者たち**もいます。

『ムーンライズ・キングダム』の冒頭で、女の子が家の窓から双眼鏡で外を眺めています。それをカメラは真正面から撮ります**〈図版8〉**。このとき女の子は、彼女の住んでいる島の外に双眼鏡を向けているように見えます。つまり、女の子は島の外のなんらかの光景を、自分に対する切り返しとして、求めているように見える。しかし、彼女に実際に与えられることになる切り返しは、島の内部の光景をとらえたショットです。いわば、編集によって、女の子が双眼鏡で見ていたのは、お母さんと警察官が自分の家の前で会っているところだったとされてしまうのです。

そもそも双眼鏡では、ウェス映画の外部を、画面内に導くことはできないのかもしれません。双眼鏡越しの映像を想像してみてください。真正面や真横、直線的なカメラ移動と、相性がよさそうですよね。

結局はシステムに回収されるとしても、登場人物たちは、外部を希求し

〈図版8〉双眼鏡で窓の外を見る女の子（『ムーンライズ・キングダム』ウェス・アンダーソン　2012年）

続けます。そのために、観客も、次作こそ外部の出現があるのではないかと期待する、あるいは、そうした期待へと導かれる。しかし、これは少しずるいような気もします。外部を登場人物たちや我々観客の鼻先にぶら下げつつ、その到来を、常に先送りにするのですから。

画面外を撮る意志が宣言される『アステロイド・シティ』

『アステロイド・シティ』でも、平面世界がこれまでと異なる方法で揺るがされることになります。**開始早々から、舞台裏が見せられる**のです。

本作は、テレビ番組の司会者が、番組の説明をするシーンから始まります。番組は、劇作家コンラッド・アープの新作の制作過程を紹介する、という内容です。[*9] アープは劇場の舞台上に立って、画面の真ん中で、劇の設定について話します。これに合わせて、背後にはアステロイド・シティの絵が投影されます**〈図版9－1〉**。

続いてアープがセットの説明をすると、カメラは左にパンして、ダイナーの内装や椅子といった完成前のセットが、画面左奥に示されることになります**〈図版9－2〉**。正面から撮られていた絵が、斜めからとらえ直される（ダ・ヴィンチ体制からティントレット体制への移行）と同時に、外部にあるはずの舞台裏が、画面内に入り込むわけです。

◎**アステロイド・シティ**
2023年／104分
内容：新作劇の舞台裏を紹介するテレビ番組が収録されている。劇の舞台は、かつて隕石が落下した架空の田舎町アステロイド・シティ。ジュニア宇宙科学大会の開催地という設定だ。参加者の子どもとその親たちがこの地で宇宙人に遭遇する、という物語が、劇作家や俳優たちのエピソードをはさみながら、展開されていく。

＊9：アープが大まかな設定と俳優たちを紹介した後、アステロイド・シティを舞台にした劇の物語が始まります。テレビ番組のシーンはモノクロで、テレビ画面のサイズ比に準じた画面サイズですが、新作劇の物語はカラーで、シネマスコープの画面サイズに変化します。

（『アステロイド・シティ』ウェス・アンダーソン　2023年　以下同）

〈図版９―１（上）〉新作劇の舞台となるアステロイド・シティの設定を説明する劇作家のアープ
〈図版９―２（下）〉セットの説明に入ると、カメラは左へパンして舞台裏が映る

また、カメラは右にもパンして、同じように舞台裏にある完成前のガソリンスタンドのセットも示されます。アープが「舞台の左側には」と言うとショットが変わり、舞台左側からアープがとらえ直されます。ここでも、かなりねじくれた仕方で、画面の外が問題になっています。

彼は「(舞台の左側には) トマホーク山がある」と言います。しかし、画面に映るのはトマホーク山ではなく、造りかけの道路の絵です **〈図版10〉**。カメラは舞台左側から右側に向かって置かれているので、当然、画面には舞台右側が映っている。本当にトマホーク山があるのか、このショットからはわかりません。「舞台の左側」は、いわば、アープの言葉によって、謎の画面外として設定されるわけです。真逆からアープをとらえるショットに切り替わることでやっと、トマホーク山の絵が舞台左にあることがわかります。

続くショットでも、おかしなことが起きます。アープは片手を前に差し出して、町中央の、隕石が衝突した場所の説明をします。「クレーターがあって、周りはフェンスで囲まれている」と言う。身振りや口では町の中央部

〈図版10〉 舞台左側の説明をするアープ。カメラは、舞台左から右に向かって置かれている。絵の上部には、「Disused OVERPASS」(未完成の高架橋) と書かれている。

のことを話題にしているわけですが、カメラはアープを、真左から撮っています。中央や正面を、カメラは見せてくれません。にもかかわらず、アープを真左から撮った画面の奥には、「crater」と書かれた、小道具と思しきフェンスが映っています**〈図版11〉**。**画面外にあるはずのものが、画面内にひょっこり映る**わけです。

舞台裏を撮る、言葉で語られている内容から外れたものを撮る、映像で示しているのとは異なるものについて語る、画面外にあるはずのものを撮る。これらはすべて、「画面外を撮る」ことの実験でしょう。

この次のショットにも、画面外を撮る試みがなされています。アープは右側から撮られ、「舞台外の鉄道」について説明するのですが、画面奥では効果音係のおじさんが汽車の音を出す作業に勤しんでいます。「舞台外の」鉄道それ自体は画面外にとどまりつつ、演劇でも映画でも通常は観客に見えない場にあるはずの効果音の発生源は、画面内に可視化されるということです。

以上が、作品開始から5分足らずの間に起きます。画面外を撮る意志が、

〈図版11〉アステロイド・シティ中央の、隕石が衝突した場所を説明するアープ。字幕が重なって見えないものの、フェンスには「crater」と書かれている。

作品自体によってはっきり宣言されているわけです。ここまではっきりと画面外の問題に向き合った作品は、これが初めてだと思います。

クセを知るには『ムーンライズ・キングダム』がオススメ

最初に見るのにオススメの作品は、『ムーンライズ・キングダム』です。これまで考えてきた平面的なショットはもちろん、双眼鏡や地図など、平面世界を強化する装置も、多く登場します。また、島の外に出られるかどうかという問題が、平面世界の外に出られるかどうかという問題と、わかりやすく重なっています。

04

トニー・スコットのクセ 運動と不動点

トニー・スコットはこんな人

・1944年7月21日生まれ、2012年8月19日没
・イギリス／ノース・シールズ出身
・1965年、兄リドリー・スコットの初短編映画『Boy and Bicycle』に主演。
・1969年、短編映画『One of the Missing』を制作。
・ロンドン王立美術大学で学んだのち画家になるが、兄の会社に入ってCM監督となる。
・1983年、長編映画『ハンガー』でハリウッドデビュー。公開時には話題にならず、一時、CM制作の現場に戻る（同作は、のちに人気に火がつく）。
・1986年、『トップガン』が世界的な大ヒットを収める。次作の『ビバリーヒルズ・コップ２』（87）も興行的に成功。以降、『トゥルー・ロマンス』（93）、『クリムゾン・タイド』（95）、『エネミー・オブ・アメリカ』（98）をはじめ、コンスタントに映画を制作。
・2012年、ロサンゼルスのビンセントトーマス橋から飛び降り、他界。

トニー・スコットのクセは「運動と不動点」

トニー・スコットは、イギリス出身の監督です。先に監督として有名になった兄のリドリー・スコットをきっかけにハリウッドに入りましたが、それまでもテレビＣＭやミュージックビデオを撮っていました。その経験が、彼のクセに影響していると言っていいと思います。

トニー・スコットが開発した手法は、現在ハリウッドで広く用いられています。いろいろな角度から撮る、ストップモーションにする、時間軸の前後を入れ替える、短い映像を素早くモンタージュする、といった手法です。

加えて、文字の使い方も特徴的です。画面にタイトルがただ入るのではなく、躍動感溢れる情報の渦の中に、タイトルを含む文字が現れる。それがトニー・スコット印だと、一般的にも言われてきました。

では、クセとしては、どんなことが言えるのか。トニー・スコットは、どんな題材でも、一方に拡散する運動、躍動的な運動があり、他方に不動の点がある、という図式に持ち込みます。不動の点が、拡散する運動をつなぎとめる。**「運動と不動点」**、これがトニー・スコットのクセです。

◎トップガン
１９８６年／１１０分
内容：海軍のエリートパイロット養成所トップガンに参加することになったマーヴェリック（トム・クルーズ）。自信家で無鉄砲だが、仲間を訓練中の事故で失うなど、数多の試練に見舞われるうち、パイロットとして、人間として成長する。

＊１：長編デビュー作『ハンガー』は、２作目以降と比べるとトニー・スコット印は薄いものの、その萌芽は感じられます。カトリーヌ・ドヌーブ演じる吸血鬼が年を取らない超越的存在＝不動点であるのに対して、デイヴィッド・ボウイや女性医師は、生死を知るもの＝運動と言うこともできます。

『トップガン』から見る運動と不動点

最も有名な、『トップガン』を例に考えるとわかりやすいでしょう。

　運動は戦闘機、不動点は管制塔です**〈図版1〉**。戦闘機はものすごく激しく飛び回る。管制塔は戦闘機に指示を与える。かと言って、運動は、不動点によるコントロールに素直に従って、はい、終わり、というわけではありません。

　作品冒頭には早くも、運動と不動点の摩擦のようなものが、はっきりと示されるシーンがあります。管制塔でおじさんがコーヒーを飲もうとすると、トム・クルーズの戦闘機がその横をすれすれに飛行して、おじさんはコーヒーをこぼしてしまいます。

　いずれにせよ、不動点は戦闘機を常に見ていると同時に、あんなことをしろこんなことをしろと命令をします。つまり、**両者には交流があります**。[*1] これが第一

〈図版1〉戦闘機（上）と管制塔（下）（『トップガン』トニー・スコット　1986年）

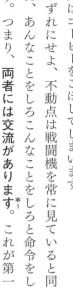

に重要な点です。

『デイズ・オブ・サンダー』における三つの変化

カーレース映画『**デイズ・オブ・サンダー**』では、運動はトム・クルーズが乗るレーシングカー、不動点はピットです。レーシングカーとピットの交流は、『トップガン』における戦闘機と管制塔の交流以上に、重要なものとなっています。*2 レースに勝つため、レーシングカーとピットの間で、無線によるやりとりが頻繁になされます。

また、運動と不動点の構造も、より複雑化しています。レーシングカー＝運動、ピット＝不動点という関係に加え、レーシングカー＋ピット＝運動、オーナー＝不動点という関係が見出せます。小構造と大構造と言っていいような（大構造のほうが重要というわけではありませんが）、**運動と不動点の入れ子構造**が、新たに導入されているわけです。

もう一つ、トム・クルーズ演じる若者コールと、機械いじりのベテランのハリーという、**新米とベテランの組み合わせ**も、その後のトニー・スコット作品で繰り返されることになるものです。新米とベテランは、最初は対立しますが、次第に打ち解けていきます。この展開が、運動と不動点の関係にかぶってきます。

◎デイズ・オブ・サンダー
1990年／108分
内容：名コーチのハリーのもとで訓練を重ねる、カーレーサーのコール（トム・クルーズ）。才能と野心はあるものの、増長してトラブルを起こすこともしばしば。だが、クラッシュ事故がきっかけで、コールは自信を喪失。困難に直面する。

＊2：トニー・スコットは、戦闘機と自動車を同一のものと考えている節があります。彼が過去に撮ったサーブのCMでは、自動車と戦闘機が並行モンタージュで重ねられています。

不動点が画面外にある作品

『ビバリーヒルズ・コップ2』には、トニー・スコットのクセをすぐには見出せないかもしれません。それでも、以下のように言えると思います。

本作での不動点は、作品開始早々に撃たれて入院するボゴミル警部です。彼の入院がきっかけで、エディ・マーフィ演じる刑事アクセルは、警部を撃った強盗団を捜査することになり、運動を引き受けます。以降、基本的には警部は画面内には現れません。つまり『ビバリーヒルズ・コップ2』では、**不動点は画面外に置かれる**ということです。

これは、**『ラスト・ボーイスカウト』**にも言えることです。同作で不動点になるのは、「死んだ人たち」ではないでしょうか。

ブルース・ウィリス演じるジョーは元シークレットサービスで、友人から女性の警護を頼まれます。しかし、友人も警護対象の女性も、何者かに殺されてしまい、画面外へと追いやられます。その謎を解くため、ブルース・ウィリスの運動が始まるわけです。*3

◎ビバリーヒルズ・コップ2
1987年／103分
内容：デトロイトの刑事アクセル（エディ・マーフィ）は、ビバリーヒルズ警察の友人ボゴミルが、何者かに撃たれたことを知る。事件の謎に迫るため、アクセルは捜査を開始した。

◎ラスト・ボーイスカウト
1991年／105分
内容：探偵ジョー（ブルース・ウィリス）は、警護していた女性ダンサーを何者かに殺された。女性の恋人で元フットボール選手のジミーとともに、ジョーは事件の真相を追っていく。

＊3：『ラスト・ボーイスカウト』では、不動点が複数になっているということです。一つの運動に対して、不動点が複数ある。これは後述する『マイボディ・ガード』でも、もう少しわかりやすいかたちで見出せます。

不動点から切り離された緊迫感『クリムゾン・タイド』

『**クリムゾン・タイド**』も同じく、不動点が画面外にあります。

舞台は、潜水艦です。大陸間弾道ミサイルを手に入れたロシアの反乱軍を制圧するため、核ミサイルを搭載した米国の原子力潜水艦が、軍指令部から受け取る命令に従って行動します。

問題は、命令が正しいものかどうか、わからなくなったときです。命令を受信していた最中に、潜水艦が敵艦から攻撃を受けたことで、通信機が故障し、命令文が途中で中断されてしまいます。

潜水艦は、画面外にある指令部という不動点から命令を受けて運動するという位置づけです。ところが、画面外の不動点との交信が途絶えて、いわば、**不動点それ自体を失ってしまう**。不動点が、相対的な画面外から、絶対的な画面外に移ってしまったと、言ってもいいかもしれません。いずれにせよ、そのために、不完全な命令文の解釈をめぐって、とりわけ、経験豊かな艦長と新米の副長の対立を軸に、運動の内部に分裂が生じます。そのようにして『クリムゾン・タイド』では、**不動点と運動体のつながりの不確かさ**が、問題にされるのです。

◎**クリムゾン・タイド**
1995年／116分
内容：ロシアの反乱軍が、核兵器施設を占拠。要求に応じなければ米国と日本を攻撃すると脅迫する。攻撃に備えて米国の原子力潜水艦アラバマが出撃するが、作戦指令が中断されたことで、艦内はミサイル攻撃を実行すべきかどうか揺れていく。

『デイズ・オブ・サンダー』でも、同じことは問題になっていました。トム・クルーズは年配のメカニックに対して、「自分は機械のことはまるっきり知らないんだ」と言います。だからレース中にピットからいろいろ言われても、トム・クルーズにはよくわからない。

これに対して年配のメカニックのハリーは、「だったら共通の言語をつくればいいだろう」と提案します。いくら言葉のやりとりがあっても、共通の言語がなければ、結びつきは不確かなものにとどまるからです。

『クリムゾン・タイド』では、共通言語の問題は、二重化されています。指令部と潜水艦の共通言語、年配の艦長と新米の副長の共通言語という二つの問題があり、絡み合っています。

同作の新米とベテランは、『デイズ・オブ・サンダー』とは異なり、どちらも運動の内部に置かれています。ジーン・ハックマン演じるたたき上げの艦長と、デンゼル・ワシントン演じる若いエリート副長が、潜水艦という同じ運動体の中にいて、不動点からの命令を受ける。指令部と潜水艦の間の共通言語は、「暗号」といった仕方で、きちんと確立されていますが、それが機能不全に陥るため、たたき上げと若いエリート、共通言語を持たない艦長と副長との間に対立が生じるわけです。

共通言語の問題は、艦内の上司と部下の間にもあります。たとえば、デンゼル・ワシントンは無線機を直している若い水兵に、SF作品の『スタートレック』の話をする。共通言語を見つけることが問題になっているわけです。

画面外の不動点と画面内の運動体との間の共通言語の問題が、運動体の内部に侵入し、増殖していくということが、『クリムゾン・タイド』では起きています。

図式の外部がない

『クリムゾン・タイド』の緊張感を生む要素としてもう一つ、**女性の不在**を挙げることができます。

過去作では、主人公と女性との時間が、運動と不動点という図式から外れたものとしてありました。『トップガン』なら教官役の女性とトム・クルーズの恋愛、『デイズ・オブ・サンダー』ならニコール・キッドマン演じるクレアとトム・クルーズの恋愛が、運動体と不動点の外をつくっています。

しかし『クリムゾン・タイド』には、そうした女性が一人も出てきません。[*4] 潜水艦搭乗後に出てくるのはメスの犬ぐらいで、人間は男性だけです。女性が出てこないことが、作品から図式の外部を奪っています。そのために、図式をめぐる緊張が、最初

＊4：冒頭で少しだけデンゼル・ワシントンの奥さんが出てきますが、作品の大半を占める潜水艦の場面では、彼女は物語にいっさい関わりません。

から最後まで画面を支配することになるわけです。『クリムゾン・タイド』は、外を欠いた作品なのです。

運動に不動点が近づくようになった『ザ・ファン』

次作の**『ザ・ファン』**はひとことで言えば、ロバート・デ・ニーロ演じる野球ファンのギルが、野球選手をリモートコントロールするという作品です。デ・ニーロが不動点で、野球選手が運動ですね。

終盤で、デ・ニーロは野球選手の息子を誘拐して、「オレのためにホームランを打て」と野球選手に脅迫電話をかけます。脅された野球選手は必死になって、なんとかランニングホームランに成功する。明らかにセーフでしたが、主審はアウトだと言います。なぜだとつめよると、実はデ・ニーロが主審になりすましていたことがわかる(笑)。「犯人はこいつだ!」ということになって、チームメイトや警察も交ざった大騒動が起きます。

これは、興味深いシーンです。**運動を遠隔操作をしていた不動点が、運動のほうに近づいてきている**からです。

それまでの作品では、命令・監視をしている点と運動の間には距離があり、それ

◎ザ・ファン
1996年／117分
内容：ギル（ロバート・デ・ニーロ）は、ジャイアンツのスター選手ボビーの大ファン。試合にのめり込むあまり会社をクビになり、元妻からは息子へ近づくことを禁じられた。唯一のよりどころであるボビーがスランプに陥ると、彼のためだと称して、異常な行動をとるようになる。

が埋められないまま終わっていました。ところが『ザ・ファン』では、点が運動のほうに限りなく近づいてくる。点と運動という構造をつくったうえで、点と運動との間の距離を唐突に解消する。だからこそ、お前が審判だったんかい!? という驚きが生まれます。似たような事態は、その後の『デジャヴ』や『サブウェイ123 激突』にも見られます。

ロバート・デ・ニーロのインパクトが強く、マーティン・スコセッシ監督の映画の記憶に憑りつかれたかのような作品ではありますが、運動体と不動点が、一時的ではあるにせよ、初めて落ち着いた状態で一つのショットに収まった点が、何よりも画期的です。

監視が問題になる『エネミー・オブ・アメリカ』

『**エネミー・オブ・アメリカ**』は、不動点による運動の「**監視**」が、はっきり問題にされた作品です。重要なのは監視の手段としての「**映像**」という、トニー・スコットがその後も問い続けるテーマが本格的に導入されたことです。

監視をするのは、NSA（国家安全保障局）の高官レイノルズと若い技術者集団です。彼らはGPSや偵察衛星、監視カメラ、通信傍受などの手段を用いて監視をしていま

◎エネミー・オブ・アメリカ
1998年／132分
内容：弁護士のディーン（ウィル・スミス）は、学生時代の友人から偶然、謎のディスクを受け取った。ディーンはディスクの中身を知られたくないNSAの画策で、社会的な信用が損なわれ、追い込まれていく。そんなディーンが頼ったのが、情報屋のブリル（ジーン・ハックマン）だった。

＊5：新米とベテランという問題も健在です。新米がウィル・スミスで、ベテランがジーン・ハックマン演じる元NSAのブリルです。はじめは対立していましたが、一つの同じ運動を生きることで、最終的には理解し合います。

す。監視対象は、ウィル・スミス演じる弁護士です。彼が偶然手にしたディスクを、NSAは奪おうとします。NSAが不動点で、弁護士が運動体です。

本作の面白いところは、**監視関係の転倒**が起きる点にあります。本作は、鳥を観察していたお兄さんが、意図せずにNSAのみなさんを監視していたというシーンから始まります。お兄さんは野鳥観察用に設置した無人カメラで、NSAのみなさんをたまたま撮影してしまう。つまり、監視者もまた、監視されていたということです。

また、監視対象である運動体そのものが、監視者である不動点を監視するということも起きます。ウィル・スミスが共闘するジーン・ハックマンは、元NSAの技術者です[*5]。彼の能力によってディスクの内容が解析され、鳥のお兄さんが撮影した映像を、ウィル・スミス演じるディーンも見ることになります。

作品最後のシーンにも、監視関係の転倒が見られます。ディーンがテレビのチャンネルを変えると、テレビの前に座っている彼自身が映し出される。「自分が自分を監視する」というショートサーキットにまで、監視関係が至ったところで、作品は終わるのです**〈図版2〉**。これは、運動体が、運動体と不動点とに自己分裂することだと言ってもいいでしょう。

〈図版2〉テレビに映るウィル・スミス演じるディーン（『エネミー・オブ・アメリカ』トニー・スコット　1998年）

これまでの構造を進化させた『スパイ・ゲーム』

『スパイ・ゲーム』では、『エネミー・オブ・アメリカ』ではっきり導入された「映像」が、「過去」と結びつきます。それまでの作品では、運動と不動点の間の距離は空間的なものでしたが、『スパイ・ゲーム』では**時間的な距離**が導入されるのです。

不動点は、CIAの会議室です。そこに、ロバート・レッドフォード演じるCIA職員ミュアーが呼びつけられます。彼の相棒だったブラッド・ピット演じる工作員ビショップが、中国でスパイ容疑により捕まったためです。ビショップに関するデータを集めるため、彼とミュアーの過去の映像が、会議室を軸にして想起されます。『トップガン』になぞらえて言うと、CIAの会議室が管制塔に、ビショップとミュアーの映像が戦闘機に相当します。*6

過去の想起が進み、だんだん現在に近づいてくるにつれて、面白いことが起こります。ミュアーが、会議室にいる上官たちよりも早く、現在に達するのです。上官たちがベイルートの過去について話しているときに、すでにミュアーは現在に到達しています。この時間のずれを、ミュアーは利用します。

過去の想起を先に終わらせ、現在にたどり着いたミュアーは、運動と不動点の構造を空間的な次元で発動させます。米軍に偽の指令書を出して、ビショップと、彼

◎**スパイ・ゲーム**
2001年／128分
内容：腕利きのCIA工作員ミュアー（ロバート・レッドフォード）は退職当日に、かつての相棒ビショップ（ブラッド・ピット）が、中国政府に捕まったことを知る。ビショップを救うため、ミュアーは極秘裏に作戦を開始する。

＊6：新米とベテランの関係は、本作でも問題になっています。新米もベテランも運動の側にいて、世代間の対立、思想上の対立も設定されています。

が救おうとしたエリザベスの救出作戦を企てるのです。これに対してＣＩＡの上官たちはまだ時間的な構造の中にとどまっているので、ミュアーの術策に気がつきません。

救出作戦は、ディナー・アウト作戦と名づけられます。ディナー・アウトとは外食のことです。ミュアーがＣＩＡの会議室から米軍に命じるわけですが、それを聞いていたＣＩＡの上官たちは、奥さんとディナーに行くだけだと思っています。つまりここでは、女性が、まさに、図式の外部として機能するわけです。『クリムゾン・タイド』もそうでしたが、『スパイ・ゲーム』もトニー・スコットのそれまでの試みがさらなる発展を遂げた、非常によくできた作品だと思います。

不動点が複数化した『マイ・ボディガード』

『マイ・ボディガード』では、デンゼル・ワシントン演じる元特殊部隊員のクリーシーが、運動を担うと言えるでしょう。

問題は、不動点です。クリストファー・ウォーケン演じるレイバンは、不動点に見えなくもありません。レイバンはメキシコシティに来たクリーシーに、ボディガードの仕事を紹介します。レイバンは、途中までは『ビバリーヒルズ・コップ２』の入院

◎マイ・ボディガード
２００４年／１４６分
内容：元ＣＩＡの特殊部隊員クリーシー（デンゼル・ワシントン）は、除隊後も任務中の殺しの記憶に苛まれ、自暴自棄になっていた。だが、友人からメキシコシティでボディガードの仕事を紹介されると、警護対象の少女ピタ（ダコタ・ファニング）と、徐々に心を通わせていく。

中の警部のように、画面外に控えています。ですが、彼の存在は、その後、画面外にも感じられなくなってしまいます。

それに代わって台頭してくるのが、新聞記者の女性です。「一緒に行動する」とセリフでは言われていますが、実際には女性記者は新聞社屋にいて、そこにクリーシーが電話で連絡するような関係になっています。レイバンから女性記者に、不動点が移ったわけです。

それだけではありません。本作には、**不動点が複数あります**。

たとえば、ボディガードの対象であるピタのお母さんです。女性は、図式の外部として機能してきましたが、ピタのお母さんは違います。二人は付き合うのかなと思わせる演出がなされていますが、お母さんは結局は、命令する人として機能します。

また、連邦捜査局のみなさんも不動点です。女性記者が連邦捜査局の刑事と恋仲なので、彼らもクリーシーを、常に監視、フォローしています。

ピタが死んだかもしれないということになったときに、いろいろな箇所にピタの幻影のようなものが登場しますが、これもある種の不動点でしょう。

しかし、本作の不動点としては、神さまのことも挙げなければなりません。

そもそも『マイ・ボディガード』は、神への言及が多い作品です。クリーシーは、殺しの記憶に苦しめられて、酒浸りになった男です。神に許されるんだろうかと煩悶しており、苦しみのあまりピストル自殺を試みもします。しかし、弾は入っているはずなのに、引き金を引いても発射されません。これは、神が不動点を引き受けているということでしょう。同じように、終盤でクリーシーが撃たれて生死をさまよう映像も、絶対的な画面外にいる神が不動点になって展開されていると言えるでしょう。

神というテーマに関連して、もう一つ言及します。ピタが誘拐前に残した手帳は、聖書のように扱われています。手帳はクリーシーを奮い立たせたり、誘拐犯の手がかりがメモされていたりと、途方もない力を発揮します。

前2作の問題を合体させた『ドミノ』

続く『ドミノ』[*7]の構造は、『スパイ・ゲーム』に似ています。不動点は、取調室です。バウンティハンターのドミノは強盗事件の犯人だと疑われて、FBIから取り調べを受けています。この取り調べを通じて、ドミノによって**過去**が想起されます。現在に不動点が置かれ、それを軸に、過去が運動するということです。

『ドミノ』では、しかしまた、『エネミー・オブ・アメリカ』にあった「**監視**」という要素も取り入れられています。それが、テレビクルーです。ドミノたちバウンティハンターに興味を持って、テレビクルーが密着します。

◎ドミノ
2005年／127分
内容：芸能一家で育ったドミノは、生きがいが見出せず荒んだ日々を過ごしていた。ある日、新聞広告で見つけたバウンティハンターの世界に飛び込むと、ベテランのエドやチョコたちとともに、刺激的な毎日を送るようになる。だが、マフィアを敵に回したことで、命の危機にさらされてしまう。

*7：『ドミノ』では、トニー・スコット印のコマ落とし、多眼性、色の過剰、前後の逆転、高速モンタージュなど、『クリムゾン・タイド』あたりから導入された技術の実験も、徹底的に行われています。

要するに、『ドミノ』は、『スパイ・ゲーム』の映像＝過去と、『エネミー・オブ・アメリカ』の監視を合体させた作品だということです。『ドミノ』にあって、現在という不動点の周りで運動する過去の映像は、誰か特定の第三者による監視の産物、あるいは、そうした第三者によって撮影されたものだとされるに至るのです。

運動と不動点が複雑に入り乱れる『デジャヴ』

次の**『デジャヴ』**は、デンゼル・ワシントン演じる捜査官のダグが、過去の映像を見ることのできる政府の極秘装置を使って、フェリー爆破事件の真相を追う、というお話です。タイトルのデジャヴはもともとフランス語（déjà-vu）で、すでに見たことがあるもの、という意味です。そのことが様々な位相で問題になります。

映像＝過去であり、かつ、映像を見るには装置が必要だとされます。『ドミノ』では、現在に向かって過去の想起がどんどん迫ってきましたが、『デジャヴ』では、過去の映像は装置の仕様上、現在から一定時間、隔たったものしか見ることができません。

主人公のダグは、過去の映像を見せる装置スノー・ホワイト（白雪姫）を使って、事件の真相を追います**〈図版3〉**。ところが、事件に関係すると思しきおじさんが、装

◎デジャヴ
2006年／127分
内容：フェリー爆破事件を捜査するダグ（デンゼル・ワシントン）は、事件現場で見た死体に、不思議な既視感を覚えた。見ず知らずの女性のはずなのに、彼女の家を調べると、自分の痕跡が点在している。謎を抱えたまま、「4日と6時間前」を見せる政府の極秘装置を使って、ダグは彼女を調査することになる。

置のカバーする範囲の外に出てしまいます。そこで、ダグは移動用スノー・ホワイトに接続されたゴーグルをつけて、車であとを追います。

このとき、片目ではスノー・ホワイトから送られてくる過去の映像を見つつ、もう片方の目では現在の光景を見ることになります。過去と現在を、同時に見るわけです**〈図版４〉**。スノー・ホワイト本体のある拠点が不動点となり、ゴーグル端末を装着して容疑者を追うダグが運動体になる。運動体は不動点に、現在の光景を送信し、不動点は運動体に、過去の映像を返信する。

しかし、追跡途中でゴーグルが壊れ、過去の映像が受信できなくなってしまいます。**不動点から運動体への情報送信が断たれる**わけです。その復旧は言葉の導入によってなされることになります。ダグの移動に応じて過去の映像を見ることができている、拠点にいる仲間が、ダグを言葉によって誘導するのです。このように、『デジャヴ』でも、不動点と運動体の結びつきの

〈図版３（上）〉スノー・ホワイトが見せる過去の映像
〈図版４（下）〉過去と現在を見ながら容疑者を追うダグ
（『デジャヴ』トニー・スコット　２００６年）

不確かさが、ドラマを活気づける重要な要素となっています。

こうした実験をしたあとに、じゃあ過去に行ってみようかという展開になります。ここでも、ダグは過去と現在を同時に経験します。過去にたどり着いたダグからすれば、いま見ている光景は現在であると同時に、過去でもあるからです。

デジャヴ（既視感）とは、そもそも、いま見ている光景が、すでに見たことのある光景に思える現象のことであり、一つの光景の現在と過去への分裂、あるいは**二重化**です。『デジャヴ』では、映像のそのような二重化が、不動点と運動体の図式と一緒に様々な仕方で実験されているのです。

無理を解消した『サブウェイ１２３ 激突』『アンストッパブル』

もっとも『デジャヴ』は、少しやり過ぎだったかもしれません。そのためか次の『**サブウェイ１２３ 激突**』では、『トップガン』的な**単純図式への回帰**が見られます。地下鉄の運行指令室と、ハイジャックされた列車が、不動点と運動体の図式にすっきり収まり、タイムトラベルのような屁理屈は捨てられます。

『ザ・ファン』で導入された、不動点の運動体への接近のような仕掛けはあります。地下鉄の運行指令室にいたデンゼル・ワシントンが、身代金運搬のために指令室から

◎サブウェイ１２３激突
２００９年／１０５分
内容：ニューヨークの地下鉄を走るペラム１２３号が、ライダーと名乗る男（ジョン・トラボルタ）とその仲間に、ハイジャックされた。ライダーは乗客の身代金として、１０００万ドルを要求。連絡を受け取った運行指令室に勤務するガーバー（デンゼル・ワシントン）は、犯人たちの交渉役を担うことになる。

出て、犯人のジョン・トラボルタのところへ行く、というものです。[*8]

遺作の『**アンストッパブル**』も同じく、シンプルな構造に戻った作品です。

物語は、人為的ミスで無人走行状態に陥った貨物列車を止めるというものです。新人車掌とベテラン機関士が、彼らの運転する機関車を用いて、無人列車の暴走を止める作戦を実行します。

不動点は操車場で、そこから操車場長のコニーは、無人列車の走行を追跡しています。運動体は、主として二つあります。一つは無人列車で、もう一つは新人車掌とベテラン機関士の機関車です。重要なのは、二つの運動体に対して不動点が、基本的に、純粋な観察者の位置にある点でしょう。

また、『デイズ・オブ・サンダー』のように、大構造と小構造が本作でも見られます。列車＋操車場を現場＝運動とし、鉄道会社本社を不動点とする構造もあるわけです。本社は現場へいろいろな命令を下しますが、暴走列車を止める有効な手立てはとれません。

暴走列車を追う二人は、みなさんがお気づきの通り、トニー・スコットが繰り返し問題にしてきた、新米とベテランの関係をなしています。本作でも新米とベテランは、はじめは対立します。しかし、同じ運動を共有することで、最終的には共通言語を見

＊8：深入りはできませんが、デンゼル・ワシントンとジョン・トラボルタの間で話が通じるのか通じないのかということも、本作では問題になっています。

◎アンストッパブル
2010年／99分
内容：最新型の大型貨物列車が、人為的ミスにより走り出した。列車はそのまま加速し続け、放っておけば脱線して、積載する有毒化学物質が引火して大事故を起こす恐れがあった。同じ線路を機関車で走っていたベテラン機関士と新人車掌は、暴走列車を止めようと奔走する。

つけ、相互理解に至ります。

また、暴走列車の様子を撮影するために飛んでいるヘリは、『エネミー・オブ・アメリカ』の監視装置、『ドミノ』のテレビクルー、『デジャヴ』のスノー・ホワイトなどの系譜に連なるものです。映像は、人に見られるか、あるいは、撮られるかしない限り、存在しないという話でしょう。

こうして見ると、『アンストッパブル』はこれ以上ないぐらいすっきり、シンプルに構成された作品であることがわかります。これがトニー・スコットの遺作になったのも、不思議なことではないと思います。もちろん、監督の気持ちは本人にしかわかりませんから、その後も撮り続けていたら、『デジャヴ』の方向へ戻ってしまっていたかもしれませんが（笑）。

クセを知るには『クリムゾン・タイド』がオススメ

トニー・スコットのクセを知るには、『クリムゾン・タイド』がオススメです。『クリムゾン・タイド』の司令部＝不動点は、絶対的画面外（どんなにカメラを動かしても画面内に入らない場）に出されることで、かえって、その存在感を、とんでもないくらい高めています。かつ、副長と艦長、副長と部下との間で、共通の言語を見つけ

るというテーマもあります。よく混同される『レッド・オクトーバーを追え！』より
ずっと優れた作品なので、ぜひ見てみてください。

05

クリント・イーストウッドのクセ
疑いの眼差し

イーストウッドはこんな人

・1930年5月31日生まれ
・アメリカ合衆国／サンフランシスコ出身
・大学在学中、友人に勧められ俳優を志す。
・西部劇のテレビドラマ『ローハイド』(59-65) に準主役として出演。人気を博す。
・次第に人気にかげりが見えるが、イタリアで撮られた主演作『荒野の用心棒』(64)、『夕陽のガンマン』(65)、『続・夕陽のガンマン』(66) が大ヒット。
・1968年に帰国し、映画制作会社を設立。主演作『ダーティハリー』(71) が話題になり、人気俳優の仲間入りを果たす。
・1971年、『恐怖のメロディ』で監督デビュー。以降、西部劇や警察ものをはじめ、多様なジャンルの作品を自身の会社を中心に制作。
・『許されざる者』(92) でアカデミー作品賞、監督賞など、『ミリオンダラー・ベイビー』(04) で作品賞、監督賞などを受賞。

クリント・イーストウッドのクセは「疑いの眼差し」

今回は、クリント・イーストウッドのクセについて、考えていきます。

イーストウッドは1971年の『恐怖のメロディ』以降、30本以上の作品を、コンスタントに撮ってきました。中でも僕が問題にしたいのは、後期の作品、特に『ミスティック・リバー』以降に顕著になった、**「疑いの眼差し」**というクセです。

一般に、疑いの眼差しは、映像を二重化します。通常の見え方に、怪しさが重ねられるわけです。大統領なり首相なりが「あいつはテロリストだ」と言うときが、その典型です。普通の人が、そのまま、怪しい人に見えてしまう。そうした問題を、イーストウッドは2001年に起きたワールドトレードセンターの事件以降、扱うようになりました。*1

2003年の**『ミスティック・リバー』**から考えてみましょう。ショーン・ペン演じるジミーの娘を殺した犯人を探すという内容です。疑われたのは、ティム・ロビンス演じるデイブで、ジミーの少年時代の友人です。

事件当日に血まみれで帰宅したデイブに対して、まずは奥さんが疑いの眼差しを向けます。その疑いが警察、さらにジミーにも伝わって、最終的にデイブはジミーに殺

＊1：これ以降、米国主導での「テロとの戦い」がアフガニスタンやイラクで始まります。その中で「テロリスト」というあいまいな概念が問題になってきます。ただの人殺しなのに、犯罪者として扱わずに、テロリストだと言う。その瞬間に犯罪に政治的な価値が与えられて、警察行為なのか戦争なのか、わからない行動が展開されることになります。

されます。だけど実は、彼は犯人じゃなかった、というふうに話は展開します。『ミスティック・リバー』で興味深いのは、疑いの眼差しを持つことによって殺害にまで及ぶということが、間違った振る舞い、咎められるべき行為としては呈示されないという点です。

ジミーがデイブを殺したことについて、奥さんは「あなたは正しいことをやった」と言います。娘を愛しているから、疑いの眼差しを幼馴染であるデイブに向けざるを得なかった。あるいは、すでに彼らが住んでいる町中に広まっていたデイブへの疑いを、ジミーも共有せざるを得なかった。奥さんはそういうふうに考えます。つまり『ミスティック・リバー』は、疑いの眼差しを条件付きで肯定する作品なのです。

米国政府が、「大量破壊兵器を保有している」と難癖をつけてイラクへの軍事侵攻を開始しつつ、「テロリスト」だとしてイスラーム教徒を大量に逮捕、監禁、拷問していた時期に、そうした作品が撮られたという点には、注意が必要です。

疑いの眼差しを批判する『リチャード・ジュエル』

一方で、米国において、体制側でも、イラク戦争批判がすでに一般化していた2019年の『リチャード・ジュエル』では、疑いの眼差しが悪しきものとして、はっ

◎ミスティック・リバー
2003年／138分
内容：ボストン近郊の小さな町で、少女が何者かに殺された。父親のジミーは、犯人に復讐しようと躍起になる。お幼馴染で刑事のショーンが犯人に迫りかける中、ジミーはもう一人の幼馴染デイブに疑いの目を向ける。

◎リチャード・ジュエル
2019年／131分
内容：アトランタ五輪会場近くの公園で、不審なカバンを発見した警備員リチャード・ジュエル。その中身は爆弾だった。大勢の命を救った英雄だともてはやされたが、マスコミから自作自演ではないかと疑われたことで、激しく非難されていく。

きり否定されています。本作では、**自分の眼差しを疑いから解放して、無垢な眼差しをもう一度取り戻すこと**が問題にされます。

　リチャード・ジュエルはマスメディアによって、「爆発物を自分で仕込んで自分で発見した」と喧伝され、世間から疑いの眼差しを向けられますが、最終的には容疑が晴れます。

　疑いを向けられている中で、リチャード・ジュエルは「I'm me」、私は私であると訴えます。これは、「私は普通の人間で、私でしかない。あなたたちが私に見ているような特別な人間ではない」という意味にほかならず、疑いの眼差しに対する抵抗、あるいは批判です。

　もっともリチャード・ジュエル自身も、まさに「普通の人間」であるがゆえに、他者に対して疑いの眼差しを持ちます。公園で警備員の仕事をしているとき、ヒッピー風の男が袋の中に何かを入れているのを目撃します。そこにリチャード・ジュエルは、疑いの眼差しを向ける。中に爆弾が入っているんじゃないかと疑うのです。一緒に見ている我々観客も、彼に疑いの眼差しを向ける。だけどしばらくすると、ヒッピー男は袋からビールを取り出して、みんなに配り始めます。「ほらね、疑って損したでしょ」と、観客は作品そのものから戒められることになるわけです。＊2

　重要なのは、主人公が、自分自身も男と同じような身振りをしたばかりだったにも

＊2：『インビクタス／負けざる者たち』にも、似たシーンがあります。ネルソン・マンデラ時代の南アフリカにおいて、ラグビーチームが人種の垣根を越えて成長していく過程を追った作品です。

物語終盤で、チームは強豪のニュージーランドと対戦します。スタジアムの外で警備にあたっている警察官たちが、パトカーのラジオで試合の生中継を聴いています。そこに、黒人の痩せ細った子どもが、ズタ袋を抱えて近づいてきます。警察官たちも我々観客も、「あの子どもは爆弾を持っているのかもしれない」と疑ってしまいます。しかし、実際には、ラジオから流れている試合中継が聴きたかっただけだということがわかります。

かかわらず、男を疑ったという点です。実は、男がビールを配る少し前に、彼もクーラーボックスをベンチの下に置いて、そこからビールを取り出して周りに配っています。なんでそのことと、ヒッピーの振る舞いとを結びつけて考えることができないのかと、イーストウッド監督は、主人公と我々のいい加減な眼差しを叱るわけです。

要するに、ある映像が疑わしく見えたとき、もう一つ別の映像と結びつければ、疑う必要のないことが判明する、ということです。**二つの映像を見比べることで、疑いから眼差しを解放する。**これは、『リチャード・ジュエル』から5年前に公開された『アメリカン・スナイパー』でも、すでに問題にされています。

二つの目で見ることが重要な『アメリカン・スナイパー』

『アメリカン・スナイパー』の主人公は、イラク戦争に従軍したアメリカ人スナイパーです。ブラッドリー・クーパー演じる主人公のクリス・カイルは、**「二つの目で見ろ」**と言います。

彼は腕のいい狙撃手で、誰よりも多くの人を殺しています。だけど彼自身にとって重要なのは、「無垢な人を殺さない」ということです。そのためには両目で見る必要があると、彼は言うわけです。

◎アメリカン・スナイパー
2014年／132分
内容：海軍特殊部隊ネイビー・シールズに所属するクリス・カイル（ブラッドリー・クーパー）は、凄腕のスナイパー。人の命を奪うことに葛藤を覚えながらも、イラク戦争で任務を遂行していく。戦争の記憶は、帰国後のカイルの生活を蝕んでいく。

作品冒頭で、米軍部隊から少し距離のあるところで、ブルカを着た女性から子どもが筒のようなものを渡され、それを持って米軍部隊のいる方向に走り出すのを、高所でライフルを構えている主人公は発見します。子どもを射殺するべきか否か。それを判断するために、彼は片目で照準器を覗きつつ、もう片方の目も開けています**〈図版1〉**。

両目で見るとは、人やものを立体的に見るということではありません。二つの映像をつくり出すことであり、それら二つを横並びに置いて、比較するということです。積分するのではなく、微分する。主人公クリスは、そうすることで、人やものに対する疑いを消し去ろうとするのです。

『アメリカン・スナイパー』は、しかし、ラストシーンにおいて倫理、あるいは、戒律と呼んでもいいような次元にまで至ります。

クリスは兵士を引退して、戦場で心身に傷を負った元兵士の治療のような活動に携わっています。一緒に森に行って、射撃をしながら話をする。

そんなクリスのもとに、一人の元兵士が訪れます。他の者たちのときと同じように、クリスは彼と一緒に外へと出かけます。そのとき、家の中にいる奥さんの視点で、半開きのドアの隙間から男をとらえたショットが挿入されます。

〈図版1〉狙いを定めるクリス（『アメリカン・スナイパー』クリント・イーストウッド 2014年）

男に対する疑いが、べったりと貼り付いたショットです。

このショットと横並びに置いて、男を「両目で見る」ことを可能にする別のショットは、ここにはありません。それでもクリスは男と森に行き、案の定、男に撃ち殺されてしまいます。

疑わしい映像しかないなら疑わない。その結果、殺されてもかまわない。そういう倫理に、クリスは達するわけです。

映像をレッテルから解放する『父親たちの星条旗』

後期のイーストウッドは、**ものそれ自体とその表象の違い**を、問題にしていると言ってもいいでしょう。表象とは、レッテルみたいなものだと考えてください。たとえば、「あの人はテロリストだ」というのは表象であり、レッテルです。

この問題を、今度は『**父親たちの星条旗**』から考えてみます。

同作は、**映像に貼り付けられたレッテルを、その映像から剥ぎ取り、映像を解放していく映画**です。

第二次世界大戦期の米国で最も有名な写真の一つである、硫黄島の写真の虚実をめぐって、物語は展開します。硫黄島占拠を象徴的に表現した写真は、アメリカ国民を

◎**父親たちの星条旗**
2006年／132分
内容：太平洋戦争で激戦地となった硫黄島を制し、星条旗を掲げた米軍兵士たち。その様子を撮った写真に、アメリカ国民は熱狂した。写真は演出されたものだったが、そうとは知らない国民は兵士たちを英雄視する。当初は喜ぶ兵士もいたものの、次第に世間の期待と本来の自分たちとの違いに、彼らは苦しむことになる。

熱狂させました。しかし実はいろいろと演出が加えられていて、みんなが写真に見ている価値は、でっち上げられたものでしかありません。そのことを、疑いの眼差しに対する批判と似たやり方で問題にしていきます。

写真によって兵士たちに貼り付けられたレッテルは、「正義」「英雄」などです。そういう偽りのレッテルに、登場人物たちは苦しんでいます。レッテルを取り払って、彼ら自体を見なければならないということが、本作では問われることになるわけです。偽の映像としての写真の大量流通によって、彼ら自身の真の映像を奪われた元兵士たちに、そうした真の映像を返すことが問題になっていると、言ってもいいでしょう。

『15時17分、パリ行き』における映像の二重性

『15時17分、パリ行き』も、二つの映像を問題にしています。米国から観光にやってきた軍人たちが、列車の中で銃乱射事件に巻き込まれる。実話に基づいており、一種の英雄譚ですが、作品の半分以上は観光旅行の場面で占められています。ヴェネチアやアムステルダムで羽目を外し、移動のために乗った列車で銃の乱射事件の犯人を取り押さえる、という展開です。

観光旅行映像の連なりの中に英雄的行為の映像を書き込むことで、後者を前者と同

◎15時17分、パリ行き
2018年／94分
内容：アムステルダムからパリへ向かう高速列車内で、イスラーム過激派の男が銃を乱射した。たまたま居合わせた米軍人とその友人たちは、犯人を取り押さえるべく行動を起こした。2015年に実際に起きた事件に基づく作品。

じ価値の映像として示す。世間一般において「英雄的」という特別な価値を与えられてきた出来事を、日常的な一現象に過ぎないものとして見せるということです。英雄視をやめることは、イーストウッドにとって、眼差しを疑いから解放することと、同じ倫理に属することなのです。

そもそも『15時17分、パリ行き』というタイトル自体が、すでに、出来事の本源的な日常性、他のすべての現象との等価性を語っていると言えるでしょう。

初期作から問題になっている視覚の二重化

特別な映像＝普通の映像。こうした映像の二重化自体は、実のところ初監督作『**恐怖のメロディ**』から、すでに始まっています。イーストウッド演じる主人公が、行きずりの女性からしつこく追い回される。女性はイーストウッドに執着して彼の家政婦を切り刻んだり、恋人を危険に追い込んだりと、めちゃくちゃな行動を重ねます。イーストウッドからすれば、そんなことするはずないと思っていた人が、恐ろしいしつこさを持っていたわけです。そういう二重性が、同作にすでに見出せます。

中年男がヒッピーの少女を好きになる3作目『**愛のそよ風**』では、澄んだ眼差し、疑いを持たない眼差しが前面化します。

◎恐怖のメロディ
1971年／103分
内容：ラジオDJのデイブ（イーストウッド）の番組に、『ミスティ』を毎晩リクエストする女性がいた。その女性といきつけのバーで出会ったデイブは、彼女と一夜をともにする。以降、デイブに対する彼女の言動は、執拗で過激になっていく。

◎愛のそよ風
1973年／108分
内容：不動産屋に勤める中年男フランクの家に、ヒッピーの少女ブリージーが偶然迷い込んだ。当初はブリージーを警戒するフランクだったが、次第に二人は惹かれ合い、年齢や立場を超えた恋に落ちる。

中年男フランクが好きになる少女ブリージーは、疑いを知らない存在です。作品冒頭で彼女はヒッチハイクをしますが、乗せてくれた男を疑うことがありません。性的な要求をされて逃げ出したあとも、再びヒッチハイクをしています。フランクのことも、まったく疑いません。

一方でフランクは、いろいろなものを疑う人です。ブリージーに対しても、最初は警戒しています。それが最終的に相思相愛になるのは、ブリージーが持っている澄んだ眼差し、まったく疑いを持たない眼差しを、フランクも獲得するからです。

疑うフランクと、疑わないブリージーとのコントラストは、彼らがレストランに行くシーンにも、見てとることができます。

ウェイターはブリージーを見て、「この子は未成年でしょ。身分証明書を出させなさい」というようなことを言います。フランクはこれに怒ったようで、ウェイターに直接には言わないものの、ブリージーと話すときに怒りを丸出しにします。でもブリージーは、「仕事でやっているだけだから、怒る必要はない」と応じます。フランクは「世の中には、絶対的な悪が存在する。気をつけなきゃいけない」と注意を促しますが、ブリージーは気にしません。自分自身が疑われても、ブリージーの澄んだ眼差しは曇らないわけです。

絶対的な映像の系列『アウトロー』『ガントレット』

なお、フランクが口にした「**絶対的な悪の存在**」も、イーストウッド映画の重要なテーマです。これから見ていくように、疑いの眼差しや映像の二重化とも無関係ではありません。

『**アウトロー**』の冒頭で、イーストウッド演じる主人公は奥さんをさらわれ、息子を殺され、住んでいた家を焼かれます。家は焼き尽くされて倒壊し、見る影もありません。また、子どもの死体を袋に入れて引きずっていると、袋から手がポコッと出てしまうシーンもあります。そういう過剰さによって、出来事は疑い得ないものとなり、悪が絶対的なものに位置づけられるのです。

悪の絶対化によって作品内に絶対性が持ち込まれることで、画面上のすべての要素が絶対化することになります。イーストウッドは、絶対的な一貫性をもって、絶対に死なない存在として、復讐に向かいます。復讐のためにいろいろな人と対決するのですが、最初からイーストウッドが勝つことが、観客にはわかっている（笑）。絶対的な悪を前にして、イーストウッドは、絶対的な力を得るわけです。

翌年に公開された『**ガントレット**』でも、絶対的なものどうしで衝突が生じます。警察署に勾留されている女性を、別の警察署に移す。その任務を、イーストウッド

◎アウトロー
1976年／137分
内容：南北戦争のさなか、北軍の無法者に家族を殺され、自身も重傷を負った南部の農夫ジョージー・ウェールズ（イーストウッド）。ジョージーは復讐のため、ゲリラ活動に身を投じていく。

◎ガントレット
1977年／109分
内容：警官のベン・ショックレー（イーストウッド）が、護送任務を命じられた。裁判に出廷予定の証人マリーを、ラスベガスからフェニックスに連れていくことになったベン。だが、マリーの出廷を望まない者たちから、二人は命を狙われてしまう。

演じる警官が命じられます。イーストウッドは女性から、「自分の命は賭けの対象になっている」と告げられます。イーストウッドと女性を絶対に殺すぞ、という人たちがいる。つまりここでは、絶対的な悪が、賭けという人工的な操作によって、人為的につくり出されるのです。これに曝されて、イーストウッド側にも絶対的な力が生じます。

終盤で、イーストウッドと女性はバスに乗って街中を進み、目的地である警察署に向かっていきます。そのバスを、とんでもない量の警官が待ち構えている。バスがやってくると、警察たちは撃ちまくって、バスは文字通り蜂の巣状になります。だけど同時に観客には、一発たりともイーストウッドと女性には当たらないことが、はじめからわかっているわけです。*3

絶対的な悪と映像の二重化が現れる『ダーティハリー4』

絶対的な悪という問題は、『ガントレット』から6年後の『ダーティハリー4』でも、他の要素を交えながら、扱われています。

物語は、10年前に強姦された女性ジェニファーが、強姦した連中を一人ずつ殺してまわるというものです。

＊３：絶対性の系列の作品にも、疑いのテーマは、常に滑り込んできています。『アウトロー』だと、イーストウッドの参加したゲリラ部隊の隊長が、イーストウッドたちを北軍に投降させます。隊長は北軍の回し者なのか否か。そういう疑念を、イーストウッドも我々観客も抱きます。『ガントレット』では、警察署に着いたばかりの新任の市警察委員長が、イーストウッドに女性の護送を命令します。この人物は、女性の死に賭けた一味なのではないかと疑われます。

◎ダーティハリー4
1983年／117分
内容：サンフランシスコ警察の刑事ハリー・キャラハンは、数々の事件を解決してきた一方で、手段を選ばない強引な捜査から「ダー

強姦シーンは、何回かに分けてフラッシュバックで示されます。『アウトロー』の冒頭シーンと同質の、ものごとの物質性に深く根差した、揺るぎのない悪の呈示です。

絶対的な悪に曝され、それによって人生を規定されたジェニファーも、絶対性を獲得します。それがはっきり見てとれるのが、射撃の正確さです。ジェニファーは、復讐相手の男性器とひたいの中心を撃ちます。この人にそんなことができるのかと驚かされるような過剰な正確さで、必ず撃ち抜くわけです。ここには、『恐怖のメロディ』の女性が有していたのと同じ種類の二重性が見出せます。穏やかさと絶対的な復讐が、ジェニファーには同居しているのです。

また『リチャード・ジュエル』を予告するような仕方で、**疑いの眼差し**も、本作では扱われています。

イーストウッド演じる刑事のハリーが、森の中で射撃練習をする様子が示されます。続くショットで、彼の背後に車が到着して、銃を構えた男が降りてきます。カメラがその人を追うと、我々観客は誰もが、この人はハリーを撃ちにきたと疑うことになります。早く気づけ、まずいぞとみんなが思っていると、その人は実は、ハリーが以前勤務していたサンフランシスコ市警察の刑事で、ハリーの一番の親友、ホレースさんだということが明かされます。

ティハリー」と呼ばれていた。出身地のサンパウロへ行ったハリーは、この街で起きている連続殺人事件を調べ始める。

物語のレベルでも、疑いの問題が導入されています。ハリーが出張しているサンパウロの警察署の署長に対する疑いです。問題の強姦事件には、署長の息子も関与していました。ハリーもこれに感づき、署長は息子のために事件を隠蔽したんじゃないかと、疑うようになります。

ただ、息子は犯人の友人ではあったものの、実行犯ではありませんでした。彼自身は現場にいながら事件を止められなかったことを後悔して、廃人のようになっていました。その経緯が明らかになったとき、署長や息子を疑ってしまったことを、我々観客は反省させられるわけです。

『センチメンタル・アドベンチャー』での驚異の映像の二重化

『センチメンタル・アドベンチャー』は、基本的には、無垢な眼差しについての作品です。

物語は、いままで家にずっといた子どもが、イーストウッドたち大人と一緒に旅に出るというものです。子どもにとって、すべてが初めて見るものです。彼は無垢な眼差しで、人が歌うところや娼婦の館を見ます。彼の眼差しは表象を知りません。つまり、存在するものをそのまま見る。我々観客も彼の眼差しの無垢さを共有します。

しかし、作品の最後には、とても感動的な、映像の二重化が用意されています。

◎センチメンタル・アドベンチャー
1982年／123分
内容：中年の歌手レッドは有名オーディションを受けるため、車でナッシュヴィルへと旅立った。彼に憧れた妹夫婦の息子ホイットや、旅先で出会った少女マーリーンとともに、レッドは様々な人と会いながら、目的地へと向かう。

イーストウッド演じるミュージシャンは、目標としていた録音を終えると結核が悪化し、死にそうになります。病床で昏睡状態にある中、イーストウッドはかつて唯一愛したメリーを幻視して、彼女の名前を口にします。

　このとき、幻視しているイーストウッドをとらえたショットがまず示されます。その切り返しとして、イーストウッドを看病してきた16歳の少女マーリーンが、正面からとらえられます。少女はイーストウッドのことが好きだけど、当人からは歌が下手だと馬鹿にされたりして、煙たがられていました。そういう人が、死の間際、唯一好きだった女性をイーストウッドが幻視している最中に、大きく映し出されるわけです**〈図版2〉**。

　映っているのは少女でしかないはずです。だけど同時に、少女はイーストウッドの愛した女性そのものにも見える。イーストウッドだけにそう見えるん

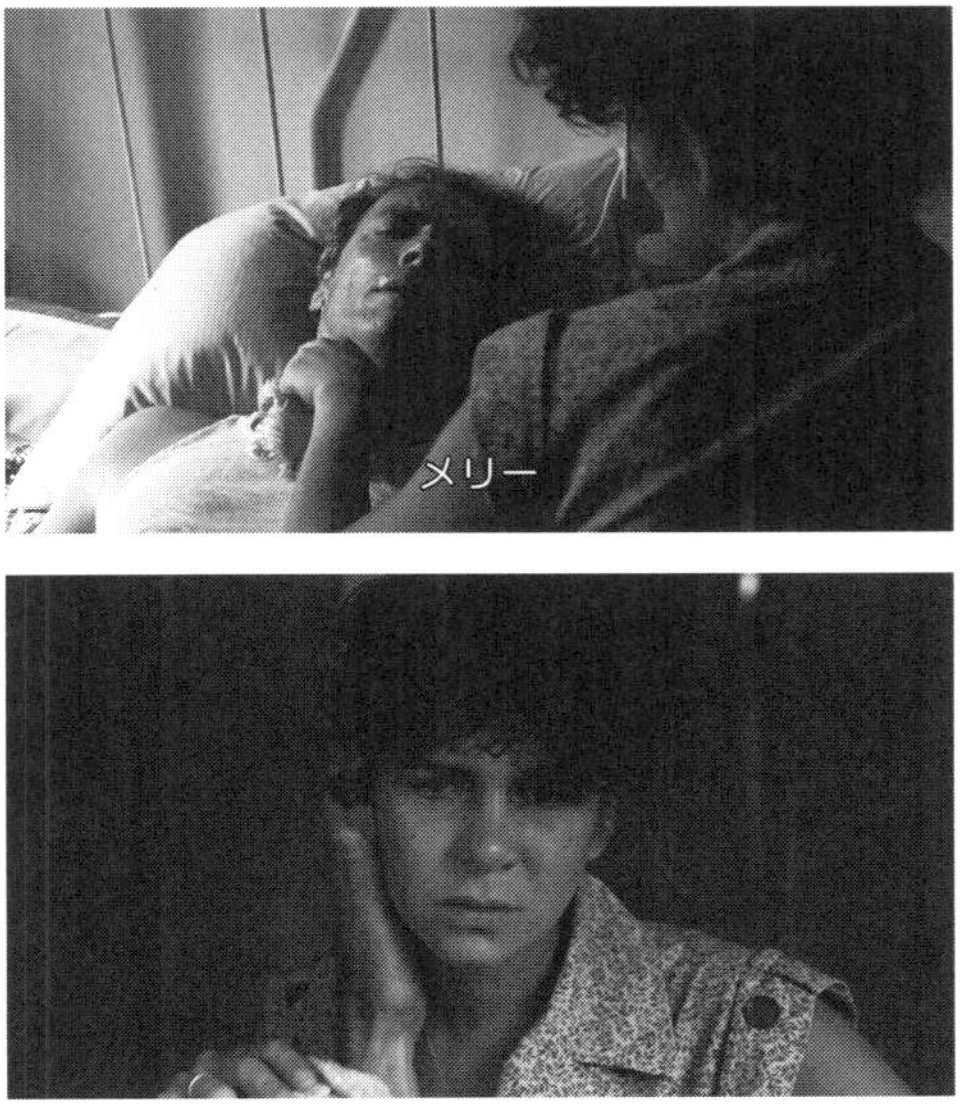

〈図版2〉イーストウッド演じるレッドは、意識がもうろうとする中、メリーの名を呼び続ける（上）。次のショットでは、マーリーンの顔が切り返される（下）（『センチメンタル・アドベンチャー』クリント・イーストウッド　1982年）

じゃなくて、我々観客にもそう見えるのです。たいへん感動的なショットです。

『ホワイトハンター ブラックハート』の多重性

もう少しあとに、ジョン・ヒューストンという映画監督の伝記をもとにした『**ホワイトハンター ブラックハート**』という作品が撮られます。この作品の序盤にも、『センチメンタル・アドベンチャー』のラストと同じような映像の二重化が見出せます。イーストウッド演じる主人公の映画監督は、アフリカでゾウをとにかく撃ちたいと思っています。アフリカやゾウに対して勝手なイメージを持っており、そのイメージを抱えて、実際にゾウを撃ちにいきます。自作の舞台をアフリカにして、撮影を口実に、ゾウを撃ちにいくわけです。

アフリカ行きの前にレストランで、俳優やプロデューサーたちと大勢で食事をします。そのとき、アフリカ風踊りのショーが行われます。ゴリラの着ぐるみを着た人が、薄い服を着た女性を追いかけ回すという出し物です。ズンドコ、ズンドコとアフリカ風な音楽が流れて、ゴリラが女性を襲います。そのとき、女性の視点から見たゴリラの顔のクローズアップが、画面に示されます。論理的には、「ゴリラの着ぐるみをかぶった人の顔のクローズアップ」のはずですが、どう見ても、ゴリラそのものに見える。

◎ホワイトハンター ブラックハート
1990年／112分
内容：1950年代のハリウッド黄金期。著名な映画監督ジョン・ウィルソン（イーストウッド）は、ゾウを撃つことに執心するあまり、撮影の舞台にアフリカを選んだ。撮影そっちのけで、ゾウを撃ちに出かけるウィルソンに、周囲は振り回される。

表象を突き破って、ものそれ自体が出現する。『ホワイトハンター ブラックハート』の中心的なテーマは、まさにこれです。*4

終盤で、イーストウッド演じる映画監督は、ゾウに対峙します。しかし、あんなに撃ちたがっていたのに、いざというときに彼は撃てません。

そのときまでイーストウッドの目は濁っていて、ゾウやアフリカそのものではなく、ゾウやアフリカのイメージを見ていました。彼が撃ちたいと思ってきたのは、イメージとしてのゾウでした。ゾウを見ても、表象としてのゾウしか、彼には見えていなかった。ところが、いざ撃つぞというときに、至近距離で対峙したら突然、ゾウそのものが見えてしまった。だから、撃つことができなくなったのです。

もう一つ、映像の二重化が問題になっているシーンを取り上げます。

撮影クルーが泊まったケニアのホテルには、イギリスから来たマーガレットという女性がいました。イーストウッドはホテルのテラスで一緒に、お酒を飲むことになります。

この席で、マーガレットは反ユダヤ的な態度をはっきり示します。「ヒトラーがした唯一のいいことは、ユダヤ人を殺すことだった」と主張する。イーストウッドの仲間の脚本家が「僕はユダヤ人なんだけど」と言っても、やめません。

それを聞いたイーストウッドは、自分がかつて経験したこととして（作り話かもしれ

*4：『ホワイトハンター ブラックハート』というタイトルからも、二重性が問題になってることがわかります。白いと同時に黒いです、ということですから。

ませんが)、こんな話をします。ある食事の席で、君と同じような美人がいて、その人も反ユダヤ的なことを言った。そこで自分は彼女に対して、お前ほど醜い人間は世界にいない。そう言ったんだ、と話すのです。

この話をしているとき、カメラはイーストウッドを撮っています。それがマーガレットをとらえたショットに変わると、イーストウッドの経験談に登場する女性その人として、マーガレットが映し出される。

また、この話をしているとき、イーストウッドは、マーガレットの似顔絵を書いています。最後には髭が生えて、ヒトラーのような顔になります。つまり、まずマーガレットがあり、そこに逸話の女性がかぶり、さらにそこにヒトラーがかぶるという、映像の多重化がなされるわけです。*5

二人で同じ映像を見ているはずなのに見え方が異なる『ルーキー』

これまで問題にしてきた映像の二重化は、「一人物が一つのものを二重に見る」というものでした。しかし、『ホワイトハンター ブラックハート』の次に撮られた『**ルーキー**』では、「**二人物が一つの同じものに異なる映像を見る**」ことが問題になります。

物語は、イーストウッド演じるベテラン刑事が、新人警官と一緒に自動車窃盗団

*5：もっとも、反ユダヤ的傾向はヒトラー特有のものではなく、当時のイギリスやフランスなどヨーロッパ各国にあったものです。イーストウッドが非難した女性は、当時の反ユダヤ的なイギリス社会の価値観を反映していました。反ユダヤ主義をヒトラーに帰着させるのは、この意味では、問題があるとも言えます。

◎ルーキー
1990年／121分
内容：自動車窃盗団を追う交通課のベテラン刑事ニック（イーストウッド）は、

に立ち向かうというものです。イーストウッドは盗聴により、窃盗団がカジノの金庫から金を奪おうとしていることを知ります。そこで新人を連れて金庫内で待ち伏せをします。そこにやってきた窃盗団を、イーストウッドたちは一時的に取り押さえます。

しかしこのとき、窃盗団の一人、くのいちのような女性が、突然、新人警官のほうに向かって歩き始める。イーストウッドは、新人警官に撃てと命令しますが、彼は撃ちません。その結果、二人は銃を奪われ、さらにイーストウッドが人質にされてしまいます。

イーストウッドには、敵の女性は危険そのものに見えています。しかし、若者には、その危険さがイーストウッドほどには見えていない。つまり、二人とも女性を見ているのに、同じようには見ていないのです。

『パーフェクト ワールド』と『ルーキー』の類似点

二人物が一つの同じものに異なる映像を見ることは、『パーフェクト ワールド』[*6]でも、非常に重要なかたちで問題にされます。**一つの同じものに複数の人が違う映像を見る**のです。

新人刑事デヴィッドとのコンビを命じられる。衝突して何度も危機に見舞われながらも、二人は次第に窃盗団を追い詰めていく。

＊6：同作でも、疑いの眼差しは問題になっています。ブッチと少年が畑で寝ていると、畑の持ち主の男から家に来るよう誘われます。男は二人には親切ですが、孫にはすごくきつくあたります。幼児虐待を経験しているブッチは、それを見て怒ります。そうして男と奥さん、孫を縛り上げる。家を去るとき、ブッチは玄関で立ち止まるとナイフを出して、男に再び近づきます。「このナイフで男を殺すんじゃないか」と思いますよね。ところが、それは、男にナイフを返すためだったことが明かされます。

主人公は、ケビン・コスナー演じる脱獄犯ブッチです。人質として連れ去ったはずの少年と、いつの間にか心を通わせるようになる。そんな作品です。

終盤で、脱獄犯と少年は追い詰められて、草原で身動きがとれなくなります。それをすごく遠いところから、警官隊が取り巻いています。警官隊は混合チームで、一つはイーストウッド率いる州警察。もう一つはＦＢＩです。このとき、ＦＢＩの捜査官とイーストウッドの間で、誰が指揮をするのかで揉めますが、どちらも譲らないので、二重の指揮で事に当たることになります。

我々観客には、脱獄犯と少年が非常に親密な関係にあることが、はっきりと示されます。しかし、警察は、彼らの様子を双眼鏡で見ているにもかかわらず、二人の関係が見えていません。メガホンで話しかけようともしますが、ピーという音や大きい音が出たりして、二人とやりとりをすることができません。そのため警察は、脱獄犯が子どもをいつ殺してもおかしくないと疑っています。

脱獄犯と少年をとらえた映像が、まさに疑いの眼差しによって二重化されるわけです。

そうした中で、イーストウッドは状況を確認しようと、二人のほうに歩み寄っていきます。彼の前で、瀕死のブッチは少年に何かを渡そうと、ポケットを探ります。出

◎パーフェクトワールド
1993年／138分
内容：アラバマ刑務所から、囚人のブッチ（ケビン・コスナー）とテリーが脱走、8歳の少年フィリップを人質に逃亡した。その途上、フィリップに危害を加えようとするテリーを、ブッチは殺害。ブッチとフィリップの間には、徐々に友情が芽生えていく。

したのは、かつて彼のお父さんがアラスカから送ってきた絵はがきです。その場所に、少年と一緒に向かおうとしていました。

しかし、男の動作は、遠くから疑いの眼差しで見ている人たちには、ピストルを出しているように見えてしまいます。イーストウッドは慌てて撃つなと言いますが、狙撃手は引き金を引いてしまいます。

イーストウッド自身は、近くから見ることで疑いから解放されます。犯罪心理学者の女性も、ＦＢＩの人たちと同じように遠くにとどまってはいますが、イーストウッドと同じ映像を見ています。ここには、同じ映像の共有による集団形成があります。*7

確かに、近くから見ることは、疑うことなしに対象それ自体を見ることに役立ちますが、だからと言って、遠くから見ることが、常に、眼差しを疑いで濁らせるわけでもないのです。

表面しか見えない『真夜中のサバナ』

『真夜中のサバナ』も二重性に関わりますが、特に重要になってくるのは「表面」の問題です。

サバナは南部のジョージア州にあって、絵葉書のように美しい街です。作中では、

＊７：本作では、脱獄犯と人質が仲間になるという、本来あり得ない集団形成が起きます。イーストウッドと犯罪心理学者の女性も、同じように異質な集団です。イーストウッドからすると、犯罪心理学者は州知事から無理やり押しつけられた存在です。そういう二人が集団を形成して、脱獄犯と少年と同様に、同じ映像を見るようになります。

◎真夜中のサバナ
１９９７年／１５５分
内容：富豪ジム・ウィリアムズの取材のため、サバナを訪れた記者のジョン。だが、ジムは殺人容疑で逮捕され、取材どころではなくなってしまう。ジョンが事件の調査を始めると、サバナの秘密が次々と、明らかになっていく。

風景についても、人々についても、街の表面はいっさいひび割れることなく、しっかり保持されているように見えます[*8]。

そうした街で、殺人事件が起こります。富豪のジムの家で、若い男が殺される。この男はジムの愛人で、ジムが犯人なのではないかと疑われます。

ジムにとって重要なのは、表面（体裁）を保つことです。そのために、ジムは、表面をつくり変え、二つの表面が継起することになります。

一つ目は、同性愛者であるという事実を深層にとどめておくことでつくられる表面で、主に母親に向けられたものです。

しかし、これを守ろうとすると、裁判で無罪を勝ち取れないかもしれないということが判明します。そこでジムは、同性愛者であるということを含み込んだ、新たな表面をつくろうとします。これが二つ目です。

街に取材にきていた記者が主人公なのですが、彼は、調べを進めるうちにおかしな点に気づきます。問い詰められたジムはほころびを見せて、愛人との間で起きたという出来事を、記者に打ち明けます。法廷でもその真実を話すと、ジムは決める。表面は、このようにして一度、危機に陥るわけです。

しかし、すぐに新たな表面がつくられることになります。ジムの弁護士がやってきて、勝利できる新しい証拠が手に入ったと報告する。するとジムは、その証拠に基づ

＊8：序盤で、町の富豪の絵画コレクションを見に行った主人公は、重ね描きの絵を見つけます。下に何が描かれているか、ケビン・スペイシー演じるジムという富豪に訊いてみますが、わかりません。これも、サバナという街の表面性に関わります。

いた新たな表面を生み出すのです。そのようにしてジムは、表面の崩壊と有罪判決とから同時に逃れるわけです。

記者は無罪判決に不服の表情を見せますが、ジムから握手を求められたときには、まさに表面を取り繕うように、笑顔で握手をします。[*9] 主人公の記者は、表面を剥ぎ取り、深層を明るみに出すことを生業としながらも、彼自身、表面の維持に、その一部品として参加し続けるということです。

なお、本作ではブードゥー教の祈祷師が、ここぞという場面で登場します。主人公が調査に行き詰まったときに、印象的な言葉を投げかけるなど、彼女は表面性を打破してくれる存在であるようにも思えます。

ただ、本作は彼女がリスに餌を与えるシーンから始まり、リスに餌を与えるシーンで終わります。すなわち、彼女は、サバナの表面性が些かも揺らぐことなく、作品が終わることを体現する存在でもあるということです。

『目撃』の絶対性

最後に『目撃』を取り上げて、『センチメンタル・アドベンチャー』の子どもにつ

＊９：納得がいかない記者は、本を書いて事件の真相を暴露し、表面の下を暴こうとします。しかしジムが心臓発作で死んだことで、結局は執筆を断念します。

◎目撃
１９９７年／１２１分
内容：腕利きの泥棒ルーサー（イーストウッド）は、忍び込んだ豪邸で偶然、現職の大統領が不倫相手を殺すのを目撃した。身の危険を察知したルーサーは国外逃亡を企てるが、大統領の偽善を目の当たりにして、彼と戦うことを決意する。

いて指摘した「**見る存在**」について、**絶対性**の問題と絡めて考えてみましょう。『目撃』の原題は、Absolute Power（絶対的な力、絶対権力）です。

絶対的な力を持つのは、大統領とイーストウッド演じる泥棒の二人です。

大統領の絶対的な力とは、マスメディアを使って偽の映像を拡散させ、真の映像を社会から排除する力です。これに対して、イーストウッドの側にあるのは、真の映像を見た者が持つ絶対的な力です。

イーストウッドが見た真の映像とは、大統領による殺人です。イーストウッドは、忍び込んだ家で偶然、大統領による殺人事件を目撃します。そして、これに気づいた大統領側から命を狙われます。

最終的にはイーストウッドが勝つわけですが、それは単に、真の映像のほうが偽の映像より強いから、ということではありません。重要なのは、イーストウッドが「**見返されない存在**」だということです。[*10]

イーストウッドは一流の泥棒なので、犯行を決して人に見られません。また、身を隠すのも一流で、大統領が絶対権力を発揮して探しても、なかなか見つけ出すことができません。

もっとも、イーストウッドが、他人の眼差しに捕獲されそうになる瞬間もあります。イーストウッドの娘[*11]をだまして刑事は、イーストウッドをカフェのテラスに呼び出す

＊**10**：それに対して大統領は、最初から見られる客体です。イーストウッドはマジックミラー越しに大統領の犯罪を目撃します。このとき、見られている大統領は、イーストウッドを見ることができません。

ことに成功します。その周りを、とんでもない数の警察が取り囲み、狙撃の準備もしています。しかし結局、イーストウッドは危機をすり抜ける。ガラスに光が反射して、狙撃が失敗するのです。その後、再びイーストウッドは、画面内の人たちから見返されることのない、見る主体へと戻ります。

クセを知るには『J・エドガー』がオススメ

疑う眼差しというのは、映像の二重化の一つの様態であって、イーストウッド映画では他の仕方でも、映像の二重化が問われていることをこれまで見てきました。イーストウッド映画の核心にいきなり最初から触れるためのオススメの1本目として、今回は取り上げなかった『J・エドガー』を挙げておきたいと思います。

同作では、公的には「雄々しく」振る舞い、私的には「女々しかった」FBI長官の、その二面性が問題とされています。一方で他方を説明するという伝記[*12]が多々書かれてきた中、イーストッドは、この二つの側面、二つの映像の共存を、両者にいかなる因果性も求めることなく、両者間の絶対的な隔たりごと、それとして肯定しています。

＊11：娘にとっても、イーストウッドは見返し得ない存在です。娘にとって、イーストウッドは不在の存在でしたが、実際には小学校の卒業式から大学、弁護士として最初の裁判に勝つまで、彼は全部見ていました。娘はそれを、イーストウッドの家にある写真によって、初めて知ります。

◎J・エドガー
2011年／138分
内容：FBI初代長官となり絶大な権力を手にしたジョン・エドガー・フーバー。その半生を、公私両面にわたって描く。

＊12：私的には「女々しい」からこそ、公的には「雄々しい」というようにして、二つの側面に因果性を見る伝記を指します。

06

小津安二郎のクセ
意味を欠いた同じものの反復

小津安二郎はこんな人

・1903年12月12日生まれ、1963年12月12日没
・日本／東京出身
・1923年、叔父のつてで松竹キネマ蒲田撮影所に撮影助手として入社。以降、多くの作品を松竹で撮影する。
・1927年、時代劇『懺悔の刃』で監督デビュー。
・1932年、『大人の見る繪本　生れてはみたけれど』が高く評価される。以降、ホームドラマを中心に、作品を制作。
・1936年、トーキーの『鏡獅子』（ドキュメンタリー）、『一人息子』を発表。
・1943年、国策映画を求める軍部の指示で、シンガポールへ派遣される。この頃、日本公開前のハリウッド映画を多数鑑賞（撮影は戦況悪化により中断）。同地で終戦を迎えて捕虜生活を送った後、1946年に帰国。
・1947年、『長屋紳士録』を公開。その後、『晩春』（49）、『宗方姉妹』（50）『東京物語』（53）などを発表。
・ローアングル撮影などの独特の演出で知られ、国際的に評価が高い。

小津安二郎のクセは「意味を欠いた同じものの反復」

今回は、小津安二郎のクセについて、考えていきます。小津のクセをひとことで表すと、「同じものの反復」だということになります。

それってスピルバーグのクセと同じなんじゃない？　と思われるかもしれませんが、やはり違います。スピルバーグの場合、同じものが何度も反復することによって、音や映像から意味が奪われ、純粋な物質的な力に達するというものでした。

これに対して、小津映画で反復されるものは、最初から意味を欠いています。**「意味を欠いた同じものの反復」**です。

これまでと少し趣向を変えて、今回は、**『お早よう』**という一作を中心に、考えてみましょう。この1作に、あらゆるかたちで小津のクセが表れています。『お早よう』でこれから確認するものを基に、他の作品にもクセを見つけてもらえればと思います。

子どもも大人も意味のない言葉を反復する

まず取り上げたいのは、**言葉の反復**です。

そもそも『お早よう』というタイトル自体が、反復を表しています。お早よう＝あ

◎**お早よう**
1959年／94分
内容：東京郊外の新興住宅地には、様々な家族が暮らしている。子どもたちは若い夫婦の家に通い、テレビを見るのに夢中になっていた。林家の勇（いさむ）と実（みのる）は両親にテレビを買ってほしいと頼むが、すげなく断られたことで、ストライキを決行する。

いさつは、繰り返されるものです。作中の子どもが言っているように、あいさつに意味を求めても仕方がない。言う主体は、「早いですね」などと真に感じて言っているわけでもなんでもなく、「早い」という意味などいっさい込めずに自動的に発語しているだけです。[*1]

意味を欠いた言葉の反復は、あいさつだけに限りません。

本作の登場人物は、四つのグループに大別できます。子ども、若者、おばさん、おじさんの4グループです。それらのグループは、どのような種類の言葉を反復しているかによって、それぞれ規定されます。

子どもは英語です。勇《いさむ》ちゃんがI love youと言うとき、「私はあなたを愛してます」という思いを込めて言っているわけではまったくありません。連発される中で、偶然、意味を帯びて響く場合があるだけです。子どもたちは、ほかにも、This is a dog. No, it is not a dog とか Is this a cat? などと言っていますが、もちろん、言っている内容は意識すらされていません。

佐田啓二《さだけいじ》と久我美子《くがよしこ》らの若者は、まさに「お早よう」に代表されるあいさつです。

おばさんたちは噂です。噂は、自分で考えたことではありません。右で聞いたことを、あたかも自分で考えたことのように、左に言う。そのようにして、誰もが同じことを反復するわけです。

＊1：『お早よう』の中で意味を持った言葉は、勇ちゃんと実ちゃんの言う「テレビが欲しい」です。真に心から言ってる。しかし、そういうことは言うもんじゃないと親から叱られ、へそを曲げて何も言葉を発しなくなってしまいます。

おじさんたちは世論です。おばさんたちが町内で噂を流通させているとき、おじさんたちは飲み屋で、世論の流通に勤しんでいます。口々に、判で押したように「テレビは一億総白痴化だ」と言う。しかし、その意味を具体的に想像できている人は、一人もいません。*2

心から何かを言うことができない

勇ちゃんがI love youを連発する一方で、まさにその言葉を言うべき人は言わない。言うべき人とは、佐田啓二です。久我美子が好きなのに、好きだと言わない。それを佐田啓二は、沢村貞子演じるお姉さんから指摘されます。

反対に、無意味なことを言うべきときに、意味のあることを言ってしまうというシーンもあります。小学校での国語の時間のシーンです。

しりとりをやろうと先生が言います。すると生徒たちは、はい、はい、はいと勢いよく手を挙げる。しかし、当ててみると、「あ」でも「げ」でもないのに、「赤胴《あかどう》鈴《すず》之《の》助《すけ》」とか「月光仮面」と、自信満々に言います。心から本当に言いたい言葉、自分の中から湧き上がってくる大事な言葉を発するのです。

「ちょっと違うわねぇ」と先生は、やさしく軌道修正を試みます。国家装置としての

＊2：一億総白痴化とは、みんながバカになることだ。しかし、みんながバカになるとはどういうことなのか。作品の全登場人物のうちで唯一関西弁を話す、田中春男演じる人物だけが、言葉における意味の欠落に敏感で、右のように問うています。

小学校で、しりとりなどを通じて我々が学ぶのはまさに、言葉を話すということが、意味のあることを心から言うことではなく、無意味なことをルールに従って言うことだということにほかなりません。

おならが映像から浮いて聞こえるのはなぜ?

『お早よう』において、あいさつ、世論、英語、噂がつくり出しているのは、**人物からの言葉の遊離、映像からの音声の遊離**だと言うこともできるでしょう。

子どもたちの間では、ひたいを押してもらって、おならを出すという遊びが流行っていますが、そこでも、映像からの音声の遊離がつくり出されています。映像内に示された人物の肉体から出てきたようにはまったく聞こえない、人工的で抽象的な音が使われており、おならの音は、あからさまに、映像から浮いた音として響くのです。

おならの音が映像から遊離しているとは、おならの音として鳴った音が、鳴った瞬間から、おならの音ではなくなる、おならという意味から解放される、それとしてはいかなる意味も持たない「たんなる音」になるということでもあります。

ガス会社に勤めるお父さんが、二人の子どもと土手で並んで体操しながらおならを繰り返すシーンでは、おならの音はいつの間にか劇伴《げきばん》の中に入り込み、チューバの音になってしまいます。勇ちゃんのI love youが言葉＝Xで、文脈次第で「ありがとう」にも「行ってきます」にもなるのと同様、おならの音もまた、音＝Xであるために、チューバの音として劇伴に参加することもできるのです。

監視カメラのように無関心な小津のカメラ

反復は、音声のレベルだけに限りません。映像のレベルにも様々な種類の反復が見出せます。

第一に、同じ位置から同じアングルで撮られた固定ショットが、1本の作品内で複数回、繰り返されます。あたかも、複数のカメラがそれぞれ決まった位置に常設されていて、スイッチのように映像を切り替えているかのようです。これは、監視カメラのような仕組みだと言っていいでしょう。

小津のカメラは登場人物を追わない。逆に、カメラがあるところに登場人物たちが来たり、来なかったりします。カメラのこの先行性は、反復される言葉の先行性と同じでしょう。「一億総白痴化」がまずあって、それをおじさんたちが口々に反復するように、カメラもまた、人物の登場に先立って、すでにそこに置かれているということです。

監視カメラは、自分の前で起きる出来事に無関心ですが、この点でも、小津映画は監視カメラに似ています。

コンビニの監視カメラのことを思い出してみてください。万引きが起ころうが起こらなかろうが、ただ淡々と撮ってるだけです。監視カメラ自身は、劇的なことが起きているから撮らなくちゃ、というような差異への関心はいっさいありません。小津映画もこれと一緒です。ドラマが展開される空間もそうでない空間も、等しく、同じように撮るのです。

ドラマが展開される／されない空間を同じように撮る

この問題を、日本家屋の構造を念頭に、考えてみましょう。

日本家屋にはドアがなく、部屋は、襖で仮に仕切られているに過ぎません。小津映画では、襖は多くの場合、開け放たれています。これにより、一つの画面内に複数の異なる空間が、前景から後景へと、縦に連なるように共存することになるわけです。

画面全体に等しく焦点を当てる技術を「パンフォーカス」と呼びますが、小津映画でもこの技術によって、一画面内に存在するすべての空間が、どれもはっきり見えるようになっています。無人で、物語の展開から外れた空間も、登場人物がいてドラマが展開されている空間と同等に撮る。**すべての空間に、同等の価値が与えられているのです。**

『お早よう』には、たとえば、家の奥から複数の空間の連なりを縦にとらえたショットが、数多くあります。画面の奥には勝手口があって、ドアが開いている。その先には路地が映っていて、さらに先には向かいの家が見える（この家も勝手口のドアが開けば、家の中まで見ることができそうです）**〈図版1〉**。

また、画面の左右に配された家と家の間から、砂利敷きの路地をとらえたショットでは、奥に緑色の土手が見えていて、さらに青空も見えている。土手の上を人が右から左へと通過し、その後、土手の手前の空間を人が、やはり右から左へと横断します。すべてに等しく焦点が当たっており、焦点が絞られて人物の登場する空間だけが特権化されるというようなことはありません**〈図版2〉**。

念願のテレビにも無関心なカメラ

『お早よう』で物語上、最も重要な出来事は、テレビの到来です。小津ではない監督だったら、テレビを箱から出してお茶の間に置いて、家族みんなで見るシーンで、作品を終わらせるのではないかと思います。

〈図版1〉家の奥から勝手口をとらえた画

〈図版2〉家々の間から見える砂利道と土手

（『お早よう』小津安二郎　1959年　以下同）

小津作品では、テレビは箱から一度も出されません。一家に到来したテレビは、廊下に箱入りで置かれたまま、作品の終わりを迎えてしまいます。子どもたちは喜びますが、テレビのそばでは喜ばないで、廊下の奥にある部屋に行って、テレビに目をやることもなしに喜び合います。画面奥の子ども部屋は明るいのに対して、画面手前の、テレビのある廊下は暗い。テレビは暗い廊下で背中を丸めてポッツリしているといった状態です。

テレビは肝心な局面で、画面外に出されてしまうことにすらなります。実《みのる》ちゃんと勇ちゃんが子ども部屋で大喜びしていると、笠智衆《りゅうちしゅう》演じるお父さんが廊下に現れて、「そんなに騒いだらテレビを返しちゃうぞ」と怒ります。そのときに勇ちゃんと笠智衆の切り返しになります。両者の間にはテレビが置かれているはずですが、勇ちゃんを撮ったショットにも笠智衆を撮ったショットにも、テレビは映りません。テレビが話題になっているのに、そのテレビが画面外に排除されるのです。

コントロールできないものを導入する

勇ちゃんと実ちゃんの闘争が実ってテレビが到来したわけではないという点も重要です。確かに、彼らは両親に「テレビが欲しい」と要求し、その後は、「ひとことも口をきかない」ストライキを展開します。だけど、そのおかげでテレビがきたわけではありません。複数の要因の絡み合いによって、たまたま、テレビが購入されることになったのであり、テレビの到来は、実ちゃんや勇ちゃんだけでなく、誰も与り知らぬ原因によって生じたのです。

言い換えると、テレビが来ることも来ないことも、等しくあり得たということであり、誰にもそれを決めることはできないということです。同じものの反復の渦の中で、ひょっこりテレビが出現したわけです。

『お早よう』でテレビ到来と同じような現象として扱われているのが「定年」です。肉体的に働けなくなったから定年になるわけでも、自分の意思で定年になるわけでもない。定年は、ただ一方的に来る。誰のコントロールからも外れた現象なのです。『お早よう』は、総じて、「私」が出来事の原因ではない場所として、世界を呈示する作品だと言ってもいいのかもしれません。私は定年の原因ではない。同じように、私はおならの原因でも、噂の原因でもないし、テレビの到来の原因でもない。しりとりの場合と同じです。そういう、私にはコントロールできないものが、反復をなしているのです。

形の反復という革新性

ここから、非常に重要な話に移ります。

小津は、「**形の反復**」にも関心を抱いています。ここでは、反復するのは、同じものではありません。違うものが、「同じ形」を反復するのです。

これには、二つの場合があります。

まずは、会話する二人の切り返しです。二人とも正面から固定のバストショットで、同じ大きさ、同じ形に撮られます。噂話をするおばさんたちのシーンなど、至るところにこの切り返しは見られます**〈図版3〉**。

もう一つは、横並びに配置された複数の人物が、同じ形、同じ動きをする様を固定カメラでとらえたロングショットです。居酒屋でおじさんたちが酒を呑むシーンや、ガス会社に勤めるお父さんと子どもたちが土手の上で体操をするシーンなどが、そのように撮られています**〈図版4〉**。

これだけ聞くと大したことはないと思うかもしれませんが、実はこの二つの撮り方が同じ理屈に収まって共存しているのは、非常に驚くべきことです。

哲学に回り道をして考えてみましょう。

〈図版3−1〉会話する二人の切り返し。3−1から3−2にショットが変わる

〈図版3−2〉3−1に続くショット。このシーンでは二人の切り返しが何回か続く

〈図版4〉土手で体操をする三人。画面内の人物が同じような形になる

急に哲学と言われると身構えてしまうかもしれませんが、難しいことは話さないので安心してください。映画のようにものを考えていた哲学者を、ここでは例に挙げます。

一人は、古代ギリシャのプラトンです。プラトンが構想したのは、みんなが横並びに等しく映っている固定のロングショットです。画面外にイデアが太陽のように輝いており、それをみんなが見上げています。イデアは画面外からショットの中の秩序を保ちます。つまり小津の〈図版4〉によく似た映像です。

これを批判したのが、20世紀半ばから戦後にかけて活動したユダヤ人哲学者、エマニュエル・レヴィナスです。レヴィナスは、集団の秩序を維持する原理が画面外にあってはだめだとプラトンを批判します。喧嘩や殺し合いを禁じる第三者は、画面内に映っていなければならない。そんなふうに言うわけです。

そこでレヴィナスが提案するのが、ショットを人数分に分割して、それらを真正面からの切り返しに置くという方法です（フェイストゥフェイスの関係）。小津の〈図版3〉によく似た映像ですね。「汝殺すなかれ」という命令は、人々の眼差しの中に宿ると、レヴィナスは考えます。だから、レヴィナスは、人々が互いに眼差し合う切り返しを構想したわけです。

もう少し身近な例で、説明し直してみます。

「恋愛は互いに見つめ合うことであり、結婚は二人が同じものを見ることだ」という説明が、まことしやかに言われることがありますね。恋愛では、互いをよく知るために、見つめ合う。それが結婚すると、子どもを産むだとか、一緒の人生を歩んでいくだとか、同じ目標を二人で見る。後者の場合、目標は、画面外に輝く太陽のようにあると言っていいでしょう。

プラトンとレヴィナス、結婚と恋愛、これらはいずれも、相容れない二つの異なる映像の体制です。ところが小津は、それらを、「同じ形の反復」という一つの同じ体制の下に同居させているのです。

小津にとって形が同じなら視線はどうでもいい

なぜ小津には、そんなことができたのか。それは、**「眼差し」に囚われていない**からです。プラトンにおいても、それを批判するレヴィナスにおいても、何を見るのか、眼差しがどこに向けられているかは、決定的に重要な問題です。天に輝くイデアをみんなで見上げるのか、それとも、各人が相手の顔を真正面から見るのか。

これに対して、小津映画では、目がどこを見ているかは、まったく問題にされません。一般的にも、映画と言えば眼差しだと言われるわけですから、これは非常に驚くべきことです。

小津の切り返しについては、実際、役者たちがカメラを直視しているように見えないと、よく言われます。小津にとって、眼は眼差しではなく、画面上の二つの黒い点に過ぎないのです。

カメラマンの厚田《あつた》雄春《ゆうはる》は、**『お茶漬の味』**の撮影を振り返って、面白いことを語っています。

同作では、佐分利信《さぶりしん》と木暮実千代《こぐれみちよ》が切り返しで撮られます。佐分利信は顔が大きいのに対し、木暮実千代は顔が小さい。小津が重視したのは、二人の顔を同じ大きさで撮ることでした。そのため、木暮実千代を撮るときは、少しカメラを近めに設置していたそうです。小津は、同じ大きさで同じ形を反復するという、形態的な響き合いによってこそ人は共同体を構成すると、考えていたのです。

切り返しについて、厚田は、次のようなことも言っています。

二人の人がテニスをしている様子を撮るとします。両者とも、右利きだとしましょう。普通は**次ページ下図**のように、①にカメラを置いてAさんを撮り、②にカメラを置い

◎お茶漬の味
1952年／115分
内容：佐竹茂吉（佐分利信）は、妻の妙子（木暮実千代）と夫婦関係がうまくいっていない。田舎育ちの茂吉と裕福な家庭で育った妙子では生活習慣が合わず、長年、心のすれ違いが生じていた。ある日、妙子の姪に見合い話が持ち込まれたことをきっかけに、妙子の積み重なった鬱憤が爆発する。

てBさんを撮ります。そうすると、映像をつなげたときに二人の視線が交わる（アイライン・マッチ）ように見えます。二人をつなぐ直線があると想定して、その線（イマジナリー・ライン）を越えない場所から撮影するわけです。

でも、小津はそうはしないはずだと、厚田は言います。この撮り方をすると、Aさんの持っているラケットとBさんの持っているラケットの大きさが変わります。Bさんのラケットは小さくなってしまう。つまり、Aさんをとらえたショットと、Bさんをとらえたショットの画面構成（構図）が同じにならなくなるわけです。小津は、二つのショットの画面構成を同じにするために、アイライン・マッチを無視し、イマジナリー・ラインを越えて、切り返しを撮るのです。

同じ形の反復によって共同体を構成する

横並びになった複数の人物を固定のロングショットで撮るときも、重視されているのは、それらの人物が同じ形になることであって、彼らが何を見ているかでは、まったくありません。

『お早よう』の終盤に、駅のフォームで久我美子と佐田啓二が会話をする

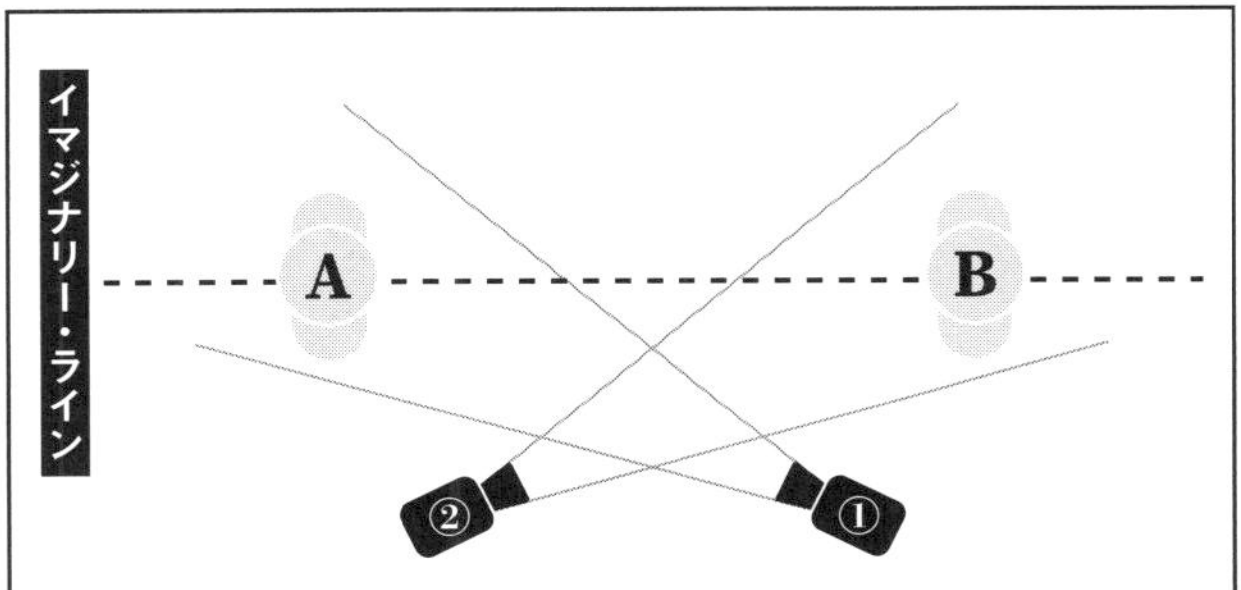

〈図〉映像をつなげたときにAとBが向かい合って見えるよう（アイライン・マッチ）、カメラはイマジナリー・ラインを越えないのが普通の撮り方

シーンがあります。二人はフォームから、面白い形の雲があると言って、その雲を一緒に見ています。まさに、固定のロングショット内で、二人は横並びになって、画面外の同じ一点を一緒に見上げるわけです。

プラトンのショットそのものと言ってもいいようなロングショットですが、しかし、小津にとっては、二人の眼差しが同一の対象を共有していることは、まったく重要ではありません。そうではなく、二人が同じものを見ることで、二人が同じ姿勢になり、同じ形で画面内に並ぶことが重要なのです**〈図版5〉**。

加えて着目すべきは、二人の反復する形が、画面内の別のもの、画面奥へと等間隔で並んでいる人々、鉄柱や駅の柱などによっても反復されているという点です。同じ形を反復することですでに形成されている事物の共同体の中に、佐田啓二と久我美子も入っていくと言ったほうがいいのかもしれません。*3

二人は、画面外に同じものを展望することそれ自体によってではなく、画面内で同じ形を反復することで、共同体を構成するのです。

〈図版5〉駅のホームで同じ姿勢になる佐田啓二演じる平一郎と久我美子演じる節子

赤の意味を欠いた反復

小津は、新しい技術と出会うたびに、彼のクセ、彼独自の映画づくりをどうやって貫徹できるかと、考えていたと思います。先述した言葉の反復は、サイレントからトーキーへの移行の際に、採り入れられました。これと同じように、モノクロからカラーへと移行した際、小津は、**色の反復**を導入します。

音を映像から遊離させたのと同じように、小津は色を、ドラマ空間から遊離させます。これによって、意味を欠いた、色の純粋な反復が可能となります。

反復する色は、まずは赤です。松竹の富士山映像に続いてタイトルが出た瞬間から、赤色は登場します。その後のオープニングクレジットも、ところどころが赤い文字になっています。

物語に入っても、赤の点在は続きます。醤油さしの頭やお椀など、ショットごとに赤い点が星座のよう散りばめられます。これによって、物語とは関係なく、次のショットでは赤はどう配置されることになるのかという緊張が生まれます。

もっとも、赤が意味を帯びることもあります。たとえば、オープニングクレジットでは、「アグファ松竹カラー」という、使用されたフィルムの名称が赤くなっています。小津映画の特殊な濃い赤は、そのフィルムに固有の赤です。つまり、書かれているこ

＊3：同じ形であるということに、登場人物たちは気がついていません。したがって、共同体の形成は、小津においては意識の外で起きるものです。

との意味を、文字の色が、そのまま体現するわけです。ただし、ここでもう一度、勇ちゃんの I love you の教えを思い出さなければいけません。連発していれば、偶然、意味を帯びることもある。ガス会社勤務のお父さんのおならも、連発していれば、チューバの音として演奏に参加することも、奥さんへの呼びかけとして響くこともある。赤もこれと同じです。

作品後半では、緑も出てきます。緑の服を着た久我美子が緑のやかんを持って、家に帰ってくるといったことも起きます。

しかも緑の出現とともに、赤が駆逐されます。赤から緑へ、というドラマがあるわけです。これを、小津は、六〇年安保の時代にすでに、共産主義からエコロジーへの移行を予言していたなどと、解釈してはいけません。赤から緑への静かな交代劇、静かな革命として楽しむだけで、政治的にも十分なのです。

小津にとっての戦前戦後

小津は、当時の批評家からは、戦前と戦後で作風が変わらなかったということで、よく批判されました。東京大空襲や原爆投下があったのに、戦争の悲惨を無視して、呑気にプチブル映画を撮り続けていてけしからんといった批判です。

しかし、『秋刀魚の味』の登場人物が戦争について話すことからわかるように、戦後の小津映画は、戦争をなかったことにはしていません。

小津にとっては（小津自身が言っているわけではありませんが）、原爆も大空襲も、テレビが来ることと同じです。小津は戦争を、他の出来事と異なる特別な出来事に位置づけていない。空襲も原爆も、日常の中に書き込むのです。

『お早よう』では、佐田啓二演じる青年は、狭いアパートで、沢村貞子演じるお姉さんと一緒に暮らしています。1950年代末の日本にそうした状況が当たり前のようにあることを見せることが、小津にとって、戦争を撮るということなのです。米軍による占領を契機に日本の日常に入り込むことになった赤や緑といった「西洋」の色を画面内に点在させることも、小津にとっては、戦争を撮ることにほかならないのです。*4

クセを知るには『お早よう』『東京物語』がオススメ

以上の話は、他のすべての小津の作品にも、だいたい当てはまると思います。とりあえずは『お早よう』を見てもらうとして、その次は『東京物語』がいいと思います。特に、正面どうしでの切り返しと、横並びのロングショットが、ともに「同

＊4：「西洋の寝巻き」を着ている女性と大泉滉（あきら）のカップルの住んでいる家は、他の家よりも赤が集中しています。まるで、この家から赤が発信されているようでもあります。いったいなぜか。この問題も、戦争と日常との関係という視点から考えることができると思います。戦争に負け、アメリカ合衆国に占領されたことで、日本では、いままでなかったような色が社会の中に導入された。カップルの家は、日本の日常への「西洋」の色の侵入点をなしているのです。

じ形」の反復をとらえる技術として、いかに同居しているかが、『東京物語』でよく確認できると思います。

07

山中貞雄のクセ 背後から撮る

山中貞雄はこんな人

・1909年11月8日生まれ、1938年9月17日没
・日本／京都市出身
・小学生の頃から映画や芝居を見て育つ。
・1927年、学校の先輩だったマキノ正博を頼り、マキノ・プロダクション（マキノの父、牧野省三が設立）に入社。台本部にて脚本について学ぶ。
・1928年、マキノの勧めで嵐寛寿郎の嵐寛寿郎プロダクションに入社、脚本執筆・助監督の仕事に就く。
・22歳のとき、『磯の源太 抱寝の長脇差』（32）で監督デビュー。批評家から高く評価される。
・1933年、日活京都撮影所に移籍。日活を退社した大御所監督の伊藤大輔に代わり、話題作を次々と発表する。同年には松竹蒲田撮影所の小津安二郎とも親交を結ぶ。
・1937年、東京のP.C.L.（東宝の前身会社の一つ）へ入社。『人情紙風船』完成後、召集を受けて中国戦線へ向かう。翌年、急性腸炎により死去。

山中貞雄のクセは「背後から撮る」こと

今回は、山中貞雄《やまなかさだお》のクセについて、考えていきます。

山中は、これまで紹介してきた監督より一般的な知名度は低いかもしれませんが、1930年代においてすでに、とても現代的な映画を撮っていた天才監督です。

山中貞雄のクセは、**「今まで正面から撮られていたものを背後から撮る」**ことだと言えます。のちに見るように、このクセは、彼の映画の現代性に直結しています。

ただ、ここで直ちに断っておかなければならないのですが、山中の作品で現存するのは、3本しかありません。22歳で監督デビューを果たして、5、6年の間に26本の作品を山中は撮りましたが、そのうち23本はフィルムが現存しておらず、見ることができません。したがって、ここでいうクセは、まずは、現存する3本に見られるものということになりますが、願わくば、失われた23本にも当てはまってほしいと思いながら、話します。


山中貞雄は、監督としてのキャリアを嵐寛寿郎《あらしかんじゅうろう》のプロダクションから始めました。1本目は、『磯《いそ》の源太《げんた》 抱寝《だきね》の長脇差《ながどす》』です。フィルムは残っていませんが、この作品をめぐって主演の嵐寛寿郎が語ったエピソードが、この上なく示唆的です。

撮影初日は嵐山でのロケで、嵐寛寿郎は太秦の控室で、朝から顔のメイクをして準備を整えていました。しかし、山中からなかなか声がかかりません。夕暮れ近くになってようやく助監督が呼びにきて、撮影現場に行くと山中から、開口一番、「御大《おんたい》、背中をカメラにつけて歩いてください」と言われる。カメラに背を向けて、そのまま前に真っ直ぐ歩いてくれという意味です。

嵐寛寿郎は大スターで、すでに何本も映画に出ていました。嵐からすれば、彼を撮るというのは、正面から撮ることを直ちに意味します。そのはずなのに、初めて映画を撮る若い山中は、まさにその初日に、完璧なメイクをして何時間も待っていた嵐を後ろから撮影した。それでむかっ腹が立ったと、嵐は回顧しています。

現存する3本でも、すべてを背後から撮っているわけではありません。今回、話そうとしているのも、文字通り背中を撮るというよりも、顔も含むすべてが「背中として」撮られているといったことです。しかし、文字通り背中が多く撮られているのもまた、事実なのです。

たとえば『丹下左膳余話《たんげさぜんよわ》 百萬両の壺《ひゃくまんりょう》』では、喜代三《きよぞう》演じる矢場《やば》の女主人が歌い出すたびに、お店の片隅に置かれた招き猫を、丹下左膳が後ろ向きにします。*1

＊1：喜代三は芸者から歌手になった人で、『鹿児島小原良節』のレコードが大ヒットしました。

『河内山宗俊《こうちやまそうしゅん》』は、背中に始まり、背中に終わる作品です。冒頭では、中村翫右衛門《なかむらかんえもん》演じる金子市之丞《かねこいちのじょう》が、カメラに背中を向けて、画面に入ってきます。そして作品最後のショットでも、売られたお姉さんを探す広太郎《ひろたろう》が画面の奥に走っていく様子が、背後から示されます。

『人情紙風船《にんじょうかみふうせん》』の終盤でも、中村翫右衛門演じる新三《しんざ》が、重要な決闘シーンであるにもかかわらず、カメラに背を向けており、また、河原崎長十郎《かわらさきちょうじゅうろう》演じる海野《うんの》も、暗く貧しい家の奥で横になっている姿が、背後から撮られています。

お金と背中の関係

背後から撮ることと並んで、山中映画では常に、**お金**が問題になっています。この二つは無関係ではなく、むしろ、密接に結びついています。

お金と背中の結びつきが一番わかりやすく表れているのは、『**丹下左膳余話　百萬両の壺**』です。

同作は、「こけ猿《ざる》の壺」と呼ばれる壺をめぐって展開されます。こけ猿の壺は、柳生家《やぎゅうけ》のお殿様の先祖が残したもので、埋蔵金百万両のありかを記した地図が塗りこ

◎丹下左膳余話 百萬両の壺
1935年／92分
内容：江戸の道場の婿養子になった柳生源三郎は、兄の柳生対馬守から、先祖伝来のこけ猿の壺を、祝いの品としてもらった。誰もが値打ちのない壺だと思っていたが、実は百万両のありかを示した地図が塗りこまれていた。事実を知った対馬守は壺を取り戻そうとするが、すでに壺はクズ屋に売られて、身寄りのない少年の手に渡っていた。

められているとされます。だけど壺自体は、とにかく特徴のない、外面上は一様に黒いだけのものです**〈図版1〉**。だからお殿様もいらないものだと思って、江戸の道場に婿入りした弟の柳生源三郎《げんざぶろう》に、壺をあげてしまいます。

重要なのは、**こけ猿の壺に正面がない**という点です。壺はどこから見ても同じような外観で、「ここから撮ったら壺の正しい姿が映る」という場所がありません。正面から撮ることが不可能なものとして、あるいは、常にカメラに背を向けているものとして存在しているのです。

正しい姿をとらえることができないために、壺の価値があいまいになります。

作品序盤で、源三郎とその妻の萩乃《はぎの》が、壺の価値について話すシーンがあります。二人は、1両ぐらいなら売れるだろうとか、3文の価値だってないだろうとか言い合いますが、いくらなのかは二人にもよくわかりません。

結局、壺は二人組のクズ屋に、10文で売られます。でも、クズ屋は

〈図版1〉柳生家伝来のこけ猿の壺（『丹下左膳余話 百萬両の壺』山中貞雄　1935年）

壺の価値をわかって買ったわけではありません。実際、クズ屋はその壺を近所の安吉《やすきち》という子どもにあげてしまうのですが、安吉から壺は何に使うものかと尋ねられても、クズ屋の二人は「金魚を入れるためのものだ」とか、「塩せんべいを入れるためのものだ」とか、当てずっぽうに答えるだけです。つまり誰も、壺の使用価値も交換価値も知らないのです。

価値がわからないとは、言い換えると、**いくらにでもなり得る**ということです。背後から撮られることで事物は、それまでの特定の価値から解かれて、ありとあらゆる価値を帯び得るものになる。資本主義社会における商品そのものです。逆に、商品とは我々に背中を向けているもののことだと言ってもいいでしょう。

こけ猿の壺が資本主義の商品と化すことで、面白いことが起こります。

終盤で柳生家は、壺を取り戻すために、その特徴を描いた張り紙を町中に出します。こんな特徴の壺を1両で買い取ります、といった文面の張り紙です。

これによって、とんでもない量の壺が集まってきます。特徴がないことが、こけ猿の壺の特徴なわけですから、当然の帰結でしょう。

量販店の棚のように、大量の同じ壺が、画面を埋め尽くします。正面からの映像が欠けた世界では、すべてが、相互に交換可能なもの、どれであってもかまわないもの

＊2：『河内山宗俊』で主人公の河内山宗俊が、広太郎に出会う場面もそうです。このとき河内山宗俊は路上で、勝てば賭け金の5倍が得られる賭け将棋をしています。

◎**河内山宗俊**
1936年／87分（現在見られるのは82分バージョン）
内容：甘酒売りのお浪は、弟の広太郎と二人暮らし。広太郎が博打にのめり込んで借金をつくったことで、お浪は身売りを余儀なくされる。そこで彼女を救うべく、ヤクザまがいの河内山宗俊と浪人の金子市之丞は、一計を図る。

になるのです。

小柄の価値が変わり続ける『河内山宗俊』

価値がころころ変動するものは、現存する3本に限っても、他にもいろいろと見つけることができますが[*2]、中でも特に興味深いのは、『河内山宗俊《こうちやまそうしゅん》』の小柄《こづか》です。

小柄とは、日本刀の鞘に備えられた、ナイフのような小刀です。金子市之丞《かねこいちのじょう》と知り合いの、北村大膳《きたむらだいぜん》という侍が持っていたものです。この小柄が、次から次へと価値を変えていきます。

小柄はもともと、由緒あるものでした。将軍家から殿様へ、殿様から家来の北村大膳へと渡ってきたものです。それを広太郎が盗み出した瞬間から、価値の変動が始まります。小柄は競りにかけられることになり、広太郎の「3両ぐらいで」という値踏みから始まって、最終的には10両で、とある侍が落札します。その小柄を偶然見かけた北村大膳は、20両での売却の提案に対して、30両を出して買い取ります**〈図版2〉**。

〈図版2〉北村大膳が紛失した小柄（『河内山宗俊』山中貞雄　1936年）

小柄の価値は、さらに変化します。大金が必要になった河内山宗俊は、大膳の小柄紛失事件に目をつけます。寛永寺トップの輪王寺宮《りんのうじのみや》からの使僧《しそう》だと偽って大膳の殿様のところへ行き、小柄をめぐる騙りをはたらきます。この騙りが成功して、河内山宗俊は殿様から、300両のお金をせしめる。広太郎の窃盗行為によってそれまでの特定の価値から切り離された小柄は、3両から300両まで価値を増殖させるわけです。本物なのか偽物なのかわからなくなったことで、小柄は、商品になったと言ってもいいでしょう。

小柄とこけ猿の壺のもう一つの共通点

小柄と壺はどちらも、もともとは、封建制の中で価値が定まっていたものです。しかし、ふとしたきっかけで、封建制の価値体系の外に、物理的に出てしまいます。小柄の場合、大膳によって所有されている限りは、将軍家から与えられたものとして価値が定まっていましたが、広太郎が盗むことで封建システムの外に出てしまい、一気に商品世界に投げ出されます。

壺も似ています。柳生のお殿様から弟の源三郎へ渡ったときまでは、封建制度の下で、「百万両の壺」として価値が定まっていましたが、源三郎がクズ屋に売却し、市中に出た途端、価値の定まらない「こけ猿の壺」になってしまいます。いわば封建時代から資本主義時代への移行を、小柄と壺は経験するのです。*3

『人情紙風船』の手紙と髪結道具

『人情紙風船』では、**絶対的な価値とその否定**も、問題になっています。

中村翫右衛門《かんえもん》演じる新三《しんざ》は、お金を得るため白子屋という質屋に、商売道具の髪結《かみゆい》道具を持っていきます。髪結道具はその商売をする人からすれば、絶対的な価値があるはずです。だけど質屋の番頭は、「価値がないから質草として取らない」と、取り合いません。つまり、絶対的な価値を持っているはずのものが、価値がないと見なされるわけです。

同作のもう一人の主人公も、似たような目に遭います。河原崎長十郎《かわらさきちょうじゅうろう》演じる海野《うんの》又十郎《またじゅうろう》は、ジリ貧生活にまで転落した浪人です。長屋の汚い部屋で、内職をする奥さんと一緒に暮らしています。

その海野の唯一の希望が、再仕官です。海野は亡くなったお父さんの手紙を、お父さんが仕官していた藩の現・重役である毛利に渡して、職にありつこうとします。

＊3：興味深いことに、この転換を担う役柄を、山中は同じ俳優に演じさせています。『百萬両の壺』でクズ屋の二人組を演じている高勢実乗と鳥羽陽之助が、『河内山宗俊』では競りに参加する侍二人組を演じています。

◎人情紙風船
1937年／86分
内容：貧乏長屋に暮らす髪結の新三は、賭場を勝手に開いたことで、ヤクザの弥太五郎から手ひどい目に遭わされた。同じ長屋に暮らす浪人の海野又十郎も、父の知人を介して再仕官を願うが、まったく相手にしてもらえない。そんなある日、新三は弥太五郎が用心棒を務める質屋の娘が、一人で外にいるところを見つける。すると弥太五郎に仕返しをしようと、彼女を誘拐したのだった。新三の隣に住む海野も、この企みに関わることになり……。

どんなに邪険に扱われても、海野は、何がなんでも手紙を渡そうとします。それはまさに、手紙が、海野にとって絶対的な価値を持ったものだからです。毛利はお父さんの友だちで、海野いわく、お父さんのおかげで偉い立場に就くことができた人です。だけど毛利は手紙に、海野が思っているような価値を認めず、受け取ろうとしません。

髪結道具も手紙も、それらの絶対的な価値を支える体系の外に一度、出てしまうと、無価値なものに転じてしまうのです。

質屋の娘が利子を生む

偉大な映画批評家である蓮實重彥が指摘するように、**「利子」**もまた、問題になっています。

『人情紙風船』の主人公二人が住む長屋には、目の見えないおじさんが住んでいます。この人が愛用しているキセルを、長屋の住人が盗もうとします。おじさんは気づきますが、盗まれるに任せます。キセルがもっといいものになって返ってくると、予想しているからです。キセルは先が詰まっていたので、盗んだ男が直して使うだろうと、おじさんは考えたのです。実際、盗んだ男がキセルを直して吸っていたので、おじさんはキセルを取り返します。投資したものを回収するときには、おまけ＝利子が生じるわけです。まさに、マルクスの言う「利子生み資本」です。

利子の問題は、『人情紙風船』の物語上の重要な局面にも、見出すことができます。どしゃぶりの雨が降る日に、新三は質屋の娘のお駒が、一人でいるところを見つけます。その少し前のシーンで新三は、質屋の用心棒である弥太五郎《やたごろう》の怒りを買い、手ひどい目に遭わされていました。そこで弥太五郎への腹いせに、新三はお駒を誘拐します。

お駒が生み出すことになる「利子」は複数あります。

新三にとっては、弥太五郎の面目を潰すことが目的です。だから、弥太五郎が質屋の言いつけで新三のところに来ても、新三はお駒を返しません。新三は弥太五郎を介さずにお駒を質屋に返すことで、弥太五郎の面目を潰そうとします。それが、新三のもともと期待していた利子でした。

ところがそこに、長屋の大家が絡んできます。大家は新三と質屋を仲介することで、手数料を取ります。これは新三からすると、まったく予定していなかった利子です。

加えて海野にも、利子が生じることになります。海野は新三の家の隣に住んでいたことが縁で、お駒を隠すのを手伝いました。新三は身代金を手にしたのち、大家と海野を誘って、居酒屋に打ち上げに行きます。

この席で大家さんが、質屋にいた毛利の話を始めます。質屋の娘のお駒は、毛利の家に養女として入ったのち、家老の息子と結婚することになっていました。そんなときに新三がお駒を誘拐したので、毛利は大いに慌てていたと、大家は新三と海野に報告します。「金ならいくらでも払うから、ぜひ連れ戻してくれ」というふうに、大家に頼み込んだと言うのです。

これを聞いた海野は、シニカルな大笑いをします。*4 お駒誘拐で、自分をないがしろにした毛利の鼻を明かすことができたからです。

『百萬両の壺』でイメージとお金が交換される

山中映画は、当時から、「髷をつけた現代劇」と言われていました。封建時代の日本社会を背後から撮ることで、そこにすでに潜んでいる資本主義社会を画面上に浮上させる映画だということです。そのために山中映画では、江戸時代にすでに存在した金融業が重要な要素になっています。

『人情紙風船』では、質屋の娘がいろいろな剰余価値を生む存在として登場しました。『百萬両の壺』でも、金貸しの子どもが登場します。

丹下左膳《たんげさぜん》が、柳生家に仕える男から、壺を持っているなら1両で引き取るよと言

＊4：このとき、海野の笑いに新三と大家がびっくりします。海野にとっての利子まで生まれたことに、二人とも驚いたのでしょう。

われるシーンがあります。男から先に1両をもらった左膳は、壺を取りに家に戻ります。

その道中、近所の子どもと一緒にいる安吉から「メンコが欲しい」と言われた左膳は、男からもらった1両を、すぐさま渡します。しかし、安吉は、メンコを買いに行かずに、その1両小判自体をメンコにして金貸しの子どもに勝ち、大判を手にして帰ってきます。あとからわかるのですが、60両の大判でした。1両の投資で、60両のリターンを得るわけです。

より重要なのは、この後に起きる交換です。

矢場のおかみさんから「そんな大金返してきなさい」と言われて、安吉は金貸しの家へと向かいますが、途中で大判を盗まれてしまいます。そのため、左膳が道場破りをして、60両を稼がなければならなくなります。

左膳が道場破りに行った先は偶然、柳生源三郎の道場でした。源三郎の通う矢場の用心棒が左膳なので、二人は知った仲です。

源三郎は道場の門下たちに示しをつけないといけないので、左膳に負けるようお願いをします。左膳が欲しいのはお金、源三郎が欲しいのはメンツ、すなわちイメージです。二人は試合をするふりをしながら、「いくら出すんだ」「いくらほしいんだ」と、交渉をします。その結果、源三郎は勝利してメンツを保ち、丹下左膳は60両を手にします。こうして、イメージと60両が交換されるわけです。

ここで重要なのは、イメージの取引値が交渉で決まることです。**こけ猿の壺や小柄と同じく、イメージも価値がはっきり定まっていません。**だからこそ、交渉で価格が決まるわけです。

山中の映像は特定の価値から解放されている

幼い頃から映画好きで、19歳で映画界に入り、22歳で監督デビューを果たした山中は、人生を知る前に映画監督になった人だとも言えます。当時の多くの批評家もその点を槍玉にあげて、「彼の映画には人生がない」と言っています。山中は、映画で見たことしか描けないと批判されたのです。

しかし、人生を描かなかったからこそ、山中の映画には現代性があるとも言えるでしょう。

人生は、特定の時代の特定の価値観に左右されます。だから映画で人生を描いても、背景となっている時代の価値観がわからない人には理解できないということがあります。むしろ、映像が特定の価値に固定されることで、時が経つと、時代遅れになるおそれがあります。

一方で、山中からすれば映画はイメージの技芸です。**イメージとは正面のないものであり、どんな価値にでもなるもの**です。『人情紙風船』のお駒誘拐のように、どんな意味も担い得る。

特定の価値から解放された映像は、何らかの言葉が投じられることでその価値が暫定的に定まることもあれば、そうした言葉を撥ねつけようとすることもあります。

『河内山宗俊』では映像と音の軋轢が生じる

映像への言葉の投げかけが暴力として呈示されるシーンが、『河内山宗俊《こうちやまそうしゅん》』にあります。

河内山宗俊は、お静という女性と一緒に住んでいます。1階は酒などを出す店で、2階は不良の集まる場所になっています。ここに河内山宗俊を訪ねて、原節子演じるお浪《なみ》がやってくると、お静は加東大介《かとうだいすけ》演じる常連客の健太と一緒に、彼女をいびります。お静は、お浪が河内山宗俊をたぶらかしていると思っています。そのため、「可愛い顔してよくない娘だ」というような非難を、次から次へと彼女に投げかけていきます。

まず、お静が悪口を言っているショットが示されます**〈図版3－1〉**。その悪口の途中で、お浪のバストショットに変わります。お浪はやや斜め前を向いていますが、顔は全面が見えています**〈図版3－2〉**。画面外でお静が黙ると、今度は健太の声が、画面外から聞こえます。するとまもなく、健太をとらえたショットに変わります**〈図版3－3〉**。こういう具合に、言葉を浴びせかけることで、お浪の映像に、「ひどい娘だ」という価値を付与しようとする力の行使が展開されるのです。

1930年代前半のトーキー初期の映画としては、現代的過ぎてびっくりするのですが、ここでは**映像と言葉の間の軋轢**が生じています。言葉によって価値づけられそうになることに、映像は抵抗しています。言葉の行使する力に全面的に曝されながらも、映像はその暴力に耐えている。注意すべきは、映像が、正面からのものであるという点です。お浪自身の固有の価値、若き原節子の輝きをとらえた映像なのです。そうした映像に言葉は画面外から襲いかかり、別の価値を押しつけようとしている。言葉は、正面からの映像を「背中化」しようとしているのです。

この過程が極限にまで達したとき、お浪は手で顔を覆って泣き出します。顔

〈図版3－1～3〉原節子演じるお浪がいびられるシーン（『河内山宗俊』山中貞雄　1936年）

を覆うことは、ここでは、映像自体を覆うことに等しいと言えるでしょう。

音が意味から解放される

『百萬両の壺』では、むしろ言葉自身が、その本来の価値を失うということが起きています。

源三郎は壺探しに出かけるとき、妻の萩乃に決まってこんなセリフを言います。

「江戸は広くて、クズ屋はたくさんいる。10年かかるか、20年かかるかわからない。まるでかたき討ちだ」

広大な商品世界に流出してしまった壺を封建体制の下に回収し、その本来の価値を取り戻させることを「かたき討ち」として自分が引き受けている。封建体制への忠誠心をそのように宣言するこの言葉は、しかし、作中で何度も反復されるうちに、その重みをどんどん失い、矢場に出かけていって女の子と遊ぶためのたんなる方便に成り下がります。

いわば、映像面では壺が、「たんなる壺」でしかないために無制限に増殖するのに対して、音声面では、この源三郎の言葉が、無制限に反復されることで

「たんなる言葉」になるわけです。

音声に関してはもう一つ、興味深い現象があります。物語の中で鳴っている音が、物語からはみ出して、響くことがあります。これも蓮實重彥が指摘していることですが、たまたま残った3本のうちの『百萬両の壺』と『人情紙風船』の音が、響き合っているのです。

先ほど『人情紙風船』の終盤での、海野が暗い画面の中、カメラに背を向けて横になっているショットについて話しました。同ショットでは、海野の裾から、新三からもらった小判が音を立ててこぼれ落ちます。それと同じ「チャリン」という音が、『百萬両の壺』で安吉が小判を使ってメンコをするときに、聞こえてくるのです。2本の作品が、両作の物語の外で、音を響かせ合っているわけです。

『人情紙風船』では、これと似た共鳴が、映像上でも組織されています。画面の奥で海野がカメラに背中を向けて寝ている中、その手前に奥さんが座っています。奥さんが立ち上がると、ショットが変わります。奥さんはもうだめだということで、短刀を抜き出して海野と心中しようと

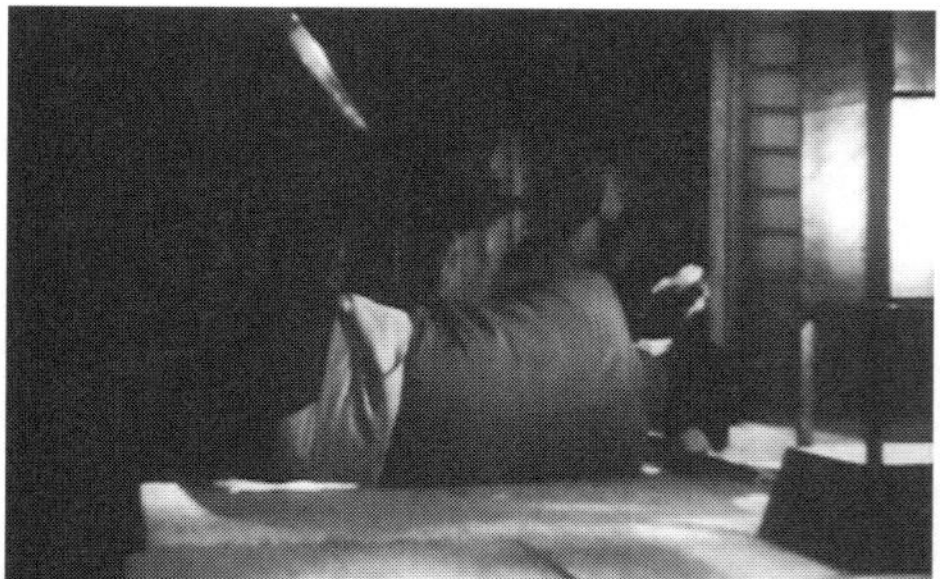

〈図版4-1〉横になる海野又十郎の前に、妻のおたきが小刀を持って立っている（『人情紙風船』山中貞雄　1937年　以下同）

します。このショットとその次のショットで、奥さんが右手に持つ短刀の刃が光ります**〈図版4-1〉**。

この刀の光は、直前の新三と弥太五郎の決闘シーンでも見られます。二人が橋の上を移動する中、奥にいる弥太五郎が刀を抜くと月明りが反射して、刀が光るのです**〈図版4-2〉**。

ヒップホップのリリックなどでの「韻」が、語られている内容の外にあるのと同じように、ここでの二つの光の響き合いも、物語の外で起きています。物語の外で、映像どうしが響き合っているのです。物語を超出した価値を音声や映像が帯びる。その意味では、光や音の共鳴も、壺や小柄の商品化の問題として取り上げた価値増殖と無関係ではないでしょう。

3両が300両になる映画だからこそ、物語の中に登場してくるものが、物語の外で響き合うことも起きるのです。

これまでの話を整理しましょう。

山中貞雄は、それまで正面から撮られていたものを、すべて背後から撮り直した。これによって、それぞれのものは、それまで付与されてき

〈図版4-2〉橋の上で対峙する弥太五郎（奥）と新三（手前）

た固定的な価値から解放され、価値や意味が変動するものになる。物語の中で様々な意味を与えられたり、様々な価値を与えられたりする。あるいは、与えられそうになっている価値や意味を、なんとかすり抜けたりもする。また、物語の外でも、場合によっては複数の作品間ですら、音声や映像が響き合い、特殊な「剰余価値」を生む。これが現存する3本から山中映画について言えることです。

サミュエル・フラーとの類似

以上のすべてが1930年代に行われたことは、映画史的には驚くべきことです。一般には、山中と同じことを最初にやったのは、ハリウッドの監督**サミュエル・フラー**の1950年代の仕事だと考えられてきました。

サミュエル・フラーは、第二次世界大戦を米軍兵士として経験した人です。その体験を映画づくりに生かして、従来の「戦争」映画を、「戦場」映画に変えました。それまでの戦争映画において正面から撮られていたものをすべて背後から撮り直すことで、戦場映画という新たなジャンルをつくり出したのです。

戦争映画では敵と味方に分かれていて、それぞれが正面から撮られ、切り返しの関係に置かれます。たとえば、西側の兵士、東側の兵士のそれぞれを正面から撮って、その二つのショットを切り返しに置くということです。それが戦争映画です。

これに対して戦場映画は、すべてを背後から撮る。西側兵士と東側兵士をそれぞれ背後から撮った場合、その2ショットを切り返しに置こうとしても、どちらにも背中しか映っておらず、同じショットの反復となり、少なくとも敵対関係としての切り返しは成立しません。

サミュエル・フラーからすれば、実際の戦場には敵も味方もなく、まして資本主義と共産主義の対立もありません。それでもなお、戦場にいる人々を二つのグループに分けることができるとすれば、それは、すでに死んだ人と、これから死ぬ人だけだと、彼は言います。「戦争」は、戦場を高みから見物する指導者などの空想であって、リアルなのは「戦場」だけだとフラーは考えて、事実上、戦争映画を批判し、それを刷新すべく戦場映画を撮ったのです。


米国でサミュエル・フラーが戦場映画を撮っていたのと同時期に、フランスではゴダールやトリュフォー、エリック・ロメールなど、ヌーヴェル・ヴァーグの面々が批評活動を始めます。

彼らにとって、サミュエル・フラーは特別な映画監督でした。特にゴダールは、監督になったあとに、『気狂いピエロ』にフラー本人を登場させ、「映画は戦場だ」と言わせてもいます。1950年代のゴダールたちにとって、自分たちが批評でやっていることを、そっくりそのまま映画それ自体において同時期にやっていたのがサミュエル・フラーだったのです。

今回は3作ともご覧ください

これまでは、オススメの作品を1、2本挙げてきましたが、山中作品は3本しか残っていないので、全作見てもらうのがいいと思います。サミュエル・フラーやヌーヴェル・ヴァーグの問題意識を先取りし、さらにそれを資本主義の問題に直結させており、今日もなおアクチュアリティをまったく失っていないわけですから、一刻も早く、見たほうがいいと思います。*5

*5：もちろん、だからと言ってサミュエル・フラーが劣った監督だというわけではありません。正面から撮るのが当たり前だった中で、後ろから撮るという革命的事業を、アメリカ映画で成し遂げたわけですから。

08

大島渚のクセ 閉じた空間

大島渚はこんな人

・1932年3月31日生まれ、2013年1月15日没
・日本／京都市生まれ
・幼少期は、農林省で働く父の勤め先である岡山県で育つ。父の死後、母の実家である京都で育った。
・1950年、京都大学法学部に入学。学生運動や演劇に傾倒する。
・1954年、同校を卒業し、松竹大船撮影所に入社。野村芳太郎らの助監督を務める。脚本も積極的に執筆。
・1959年、『愛と希望の街』（原題は『鳩を売る少年』）で監督デビュー。
・1960年、『青春残酷物語』『太陽の墓場』がヒット。篠田正浩、吉田喜重らとともに「松竹ヌーヴェル・ヴァーグ」と呼ばれる。
・1960年、『日本の夜と霧』が公開4日目に上映中止となる。これをきっかけに松竹を退社し、独立プロダクションの創造社を設立。
・1973年、創造社を解散。1975年に大島渚プロダクションを設立し、国際資本の『愛のコリーダ』（76）を発表。国外から高い評価を得る。
・1980年代からはテレビ番組にもたびたび出演。
・1996年に脳出血で倒れるが、リハビリを経て『御法度』（99）を発表。
・2013年、肺炎により死去。

大島渚のクセは「閉じた空間」をつくること

今回は、大島渚のクセについて、考えていきたいと思います。

大島渚のクセは、**「閉じた空間」**をつくることです。

閉じた空間とは、人々がぶち込まれ、幽閉される場所です。『愛と希望の街』のスラム街、『戦場のメリークリスマス』の捕虜収容所、『マックス、モン・アムール』のアパートの部屋など、形や大きさは様々です。

空間内にいるのは、血縁も国籍もバラバラな人たちです（『マックス、モン・アムール』では、チンパンジーと女性が、閉じた空間に身を置きます）。空間には、『戦場のメリークリスマス』の在日朝鮮人も含めたいろいろな出自の人たちが、家族から引き抜かれた状態で放り込まれています。大島自身の言葉で言うと、**「みなしご」**です。この閉じた空間におけるみなしごという問題に、大島はデビュー作から一貫して取り組んできました。

大島は1959年に松竹で監督デビューし、1961年からは独立プロダクションの創造社、1975年からは大島渚プロダクションで、映画をつくりました。このうち、創造社時代最後の作品である『夏の妹』と、大島渚プロダクション最初の『愛のコリーダ』の間には、大きな切断があります。[*1]

松竹・創造社時代の『愛と希望の街』から『夏の妹』までは、閉じた空間は**「人々が囚われている場所」**でした。出たいんだけど出られない。そんな場所です。

それが『愛のコリーダ』以降、**「人々が自ら進んで入っていく場所」**に転換します。『愛のコリーダ』で言えば宿屋、『御法度《ごはっと》』で言えば西本願寺の境内です。否応なしに囚われているのではなく、みんなで入ってみて、どんなことが起きるかを実験する空間になります。

これを映画固有の問題により引きつければ、フレイムの意味が変わったと言い換えることもできます。

『夏の妹』までは、フレイムは、閉じた空間をつくり、その内部に人々を囲い込む装置として機能していました。これに対して『愛のコリーダ』以降、フレイムは、その向こう側に閉じた空間を存在させるものとなります。

後者のフレイムの好例が、『**マックス、モン・アムール**』のオープニングクレジットです。そこでは、フレイム内部全体が黒く塗り潰されており、フレイム自体が、閉ざされた扉のようになっています。ただし、その中央に鍵穴が穿たれており、それを

＊1：一般的にも、『愛のコリーダ』から外国の資本で撮るようになるとか、作品が有名になるとか、音楽をグラミー賞受賞者のクインシー・ジョーンズが担当するといった観点から、切断は指摘されてきました。

◎マックス、モン・アムール
1986年／97分
内容：パリのイギリス大使館で働くピーターは、妻マーガレットの浮気に気づいた。冷静に話し合おうとしたものの、妻の浮気相手がマックスと呼ばれるチンパンジーだったことから、ピーターは動揺する。マーガレットがマックスとの別れを拒否すると、ピーターは彼も一緒に暮らそうと提案する。

通じて向こう側に身を隠している人たちがいるのはわかります。しかし、彼らが、はっきり見えるわけではありません〈**図版1**〉。『マックス、モン・アムール』は、チンパンジーを愛した妻と彼女の家族をめぐる作品です。

冒頭で、夫は妻の浮気に感づいて浮気現場の部屋へ行くのですが、相手がチンパンジーだとわかって動揺します。チンパンジーと妻が閉じこもっているのはわかるけど、閉じこもって何をしているのかはまったくわかりません。加えて夫に連座している我々観客にも、わかりません。

似たような状況は、『御法度』についても指摘できます。『御法度』は新撰組内での衆道《しゅどう》、つまりは男どうしの恋愛についての作品です。松田龍平演じる新人隊員に、浅野忠信をはじめとした隊士が惹かれていきます。

浅野忠信は松田龍平に入れ込んでいきますが、二人が何をしているのかは、さっぱりわかりません。北野武が演じる土方歳三は、「あいつらできている」と言っていますが、できている様子が画面上にはっきり示されることは、一度もありません。

前期の大島のフレイムが閉じた空間の中に人々を囲い込む装置だとし

〈**図版1**〉冒頭クレジットに出てくる鍵穴の絵（『マックス、モン・アムール』大島渚 1986年）

たら、後期の大島のフレイムは、壁や閉ざされたドアのようなものです。その奥に部屋があるけど、部屋の中を見ることはできない、そういうものになっています。*2

日本という閉じた空間を移動する『少年』

『夏の妹』までの前期の諸作は、基本的に日本を舞台にしています。**この「日本」こそが、フレイムによって囲い込まれる空間です。**中でも『**少年**』は、前期大島映画における日本とフレイムの重なり合いを、特にわかりやすく示している作品です。

同作では、少年とその家族が、当たり屋をしながら日本列島を下から上に縦断していきます。少年には、小山明子演じるお母さん、お父さん、チビと呼ばれる弟がいます。ただ、少年はお母さんとも、お母さんの連れ子であるチビとも血がつながっていません。お父さんとは血がつながっていますが、彼は戦争で怪我をしたことを理由に働かず、父親らしい姿を見せません。基本的に、お母さんと少年とで当たり屋をやって家計を維持しています。そういう、バラバラの人たちの集まりです。

先にも触れましたが、大島は、こうしたバラバラの人たちのことを、みなしごと呼びます。彼らはバラバラだから、それぞれが自由に生きていけるはずです。そのはずなのに、彼らは閉じた息苦しい空間の中に囲い込まれています。大島が関心を寄せて

*2:『マックス、モン・アムール』のチンパンジーと『御法度』の松田龍平は両者とも、何を考えているのかわからない存在としても登場します。つまり、ドアの向こう側の空間で何が起きているかわからないだけではなくて、そこに入っている人たち自体、中身がよくわからない存在になっています。

◎少年
1969年/97分
内容:少年は、傷痍軍人の父と義理の母、血のつながらない弟とともに、当たり屋をしながら日本を縦断している。家族から逃げ出そうにも離れられず、車の前に飛び出す日々を送る少年。ついに一家は大阪の地で逮捕されるが……。

いるのは、戦後日本のこの逆説です。

『少年』でまず注目したいのは、映像の奥行きです。同作は野外でロケ撮影されたショットが多く、画面に奥行きがあります。しかし、画面の奥まで見通しても、空間から外に出ることを登場人物たちに許すかもしれないような出口は、いっさい見当たりません。彼らが滞在するどの町にも日の丸が至るところに掲げられ、外への風穴になりそうな場所を、ばんそうこうのようにふさいでいます。最奥に至るまで画面全体に一様に焦点を当てるパンフォーカスが見せるのは、日本という閉じた空間に、いっさい出口がないという悲劇なのです。

一行は北上を続けて、北海道の稚内にまで達します。お父さんは画面の奥を指して、「この先はロシアだ」と言います。しかし、雪が降っていて画面は真っ白で、ロシアはまったく見えません。日本の最北端に来ても、彼らは日本というフレイムから逃れることも、出口を見つけることもできないわけです。白壁を前に一行は行き詰まり、仕方なく踵を返して南下を始めます。

大島が関心を持つのは民族共同体としての日本

前期大島の日本空間について、もう少し詳しく考えてみましょう。

◎絞死刑
1968年／117分
内容：在日朝鮮人の死刑囚

日本というフレイムには、外国出身者も囚われます。

たとえば『**絞死刑**』では、絞首刑に処せられたけど死ななかった在日朝鮮人を、刑務官たちが再び処刑しようとします。死刑場において、日本人刑務官たちは、息苦しい民族共同体を形成しています。**この「民族共同体」こそ、大島が問題にしている日本です。**

死刑は、一般には、国家権力の発動です。そのため死刑は通常、国家＝ステイトの暴力として問題にされます。しかし、『絞死刑』では、非日本人が処刑対象に設定されることで、国民・民族＝ネイションの暴力としての死刑が問われることになります。大島は、戦争が終わって国家（ステイト）体制が変わったように見えても、民族共同体（ネイション）は依然として健在で、そのフレイム内に自分たちは囚われたままだと考えていました。

この意味で、大島が、大江健三郎の『**飼育**』を映画化したのも、よく理解できます。『飼育』の舞台は、戦時中の日本の村落共同体で、村人たちによって黒人の米兵パイロットが囚われます。米兵を村の牢屋に閉じ込める村人たちの振る舞いを見せることで、むしろ、村人たちこそが、民族共同体に囚われていることを示すわけです。『**儀式**』でも、外国人は出てきませんが、やはりネイションが問われています。大きい日本家屋が舞台になっていて、登場人物たちはそこに、「儀式」すなわち日本的な

Rが、絞首刑に処せられた。だが、Rは気を失いはしたものの、脈をうち続けており死ななかった。裁判所や拘置所の職員たちはRを再び処刑するため、彼の生い立ちや犯行を再現し始める。

◎飼育
1961年／105分
内容：終戦間近の夏、日本の山村に米軍の飛行機が墜落した。黒人パイロットは鎖でつながれ、村人たちの監視下に。村内でトラブルが相次ぐと、怒りの矛先は黒人へと向けられていく。

◎儀式
1971年／123分
内容：元内務官僚の祖父を頂点とした桜田家で育てられた満洲男（ますお）。従兄の輝道が死んだとの電報を受け取り、満州男は生まれ育った島へ帰った。その帰り道で、桜田家の忌まわしい過去を思い出していく。

因習とともに囚われています。

『日本の夜と霧』の場合には、パンフォーカスによって出口がないことを示すのではなく、むしろ、後景を真っ暗な闇とすることで、外部や未来への開かれ、展望のない空間として日本がつくり出さされます。

フレイムの中で別の何かになろうとする

大島作品の登場人物は、囚われの身にただ甘んじているわけではありません。その状況に苦しみ、閉じた空間から外に出たいと望んでいます。

『少年』の主人公も、ネイションからの解放を求めて葛藤します。それは、彼が劇中で何度も表明する「自分は宇宙人になりたい」という言葉に集約されるでしょう。

宇宙人とは、民族共同体から解放された存在のことです。しかし同時に、少年は、共同体から逃れられないことも知っています。少年は、チビに言っています**〈図版２〉**。

〈図版２〉弟（左）に宇宙人について話す少年（右）（『少年』大島渚　１９６９年）

◎日本の夜と霧
１９６０年／１０７分
内容：とある夜の日に、安保闘争がきっかけで結ばれた新聞記者の野沢と大学生の玲子の披露宴が行われていた。そこに突然、逃亡中の学生太田が乱入したことで、過去の事件が次々と明るみに出ていく。

「宇宙人には親はいない。危ないときには星から別の宇宙人が助けに来てくれる。そういう宇宙人になりたかったんだけど、僕は普通の子どもなんだ。死ぬこともうまいことできない」

それでも、少年は諦めません。彼は宇宙人になれないことはわかったうえで、それでも宇宙人になりたいと、チビに言い、宇宙人になることへとチビを誘ってもいるのです。これにより、彼は民族共同体のただ中に身を置きつつも、内部からその共同体に抵抗する新たな集団を弟と形成します。前期大島は、日本という閉じた空間の中に囚われながらもなお、**別の何かになろうとする人々**を、作品に登場させ続けました。

『夏の妹』から『愛のコリーダ』への大転換

前期最後の作品は、『**夏の妹**』です。同作は、沖縄の統治権が米国から日本に返還されたすぐあとに、沖縄へ行って撮影された作品です。沖縄は大島にとって、日本の支配が及んでいない可能性のある最後の場所でした。しかし、沖縄でも、大島映画は、外への開かれを見出すことができなかった。それは大島自身も、沖縄に行く前からわかっていたのかもしれません。

それから4年後の『**愛のコリーダ**』で、大島は、共同体の問題は手放さないまま、

◎**夏の妹**
1972年／96分
内容：東京に住む素直子（すなおこ）は、沖縄の鶴男と名乗る男から、母違いの兄だという手紙を受け取った。素直子は父の婚約者である桃子と一緒に、沖縄を訪れた。真偽を確かめるべく、

◎**愛のコリーダ**
1976年／108分
内容：料亭の吉田屋で働き始めた阿部定は、主人の吉蔵と激しい恋に落ちた。駆け落ちした二人は、宿屋で昼夜を問わず互いを求め合う。やがて二人は、生死をかけて愛欲を求めていく。

自らの映画を刷新します。

『夏の妹』までは、人々は空間に閉じ込められていました。それが『愛のコリーダ』では、男と女が一つの空間に自ら進んで閉じこもることになります。ほとんど籠城のように閉じこもります。これにより、フレイムは、バリケイドや壁のようなものに転じます。

『愛のコリーダ』以降の作品でも、閉じこもることが問題になります。男どうしで閉じこもるのが『戦場のメリークリスマス』『御法度』、動物と閉じこもるのが『マックス、モン・アムール』という具合です。


後期でとにかく重要なのは、**「見えない」**ということです。

前述した通り、『御法度』では、松田龍平と浅野忠信が何をしているかは、具体的には示されていません。『マックス、モン・アムール』にも、チンパンジーと奥さんがセックスをしているシーンはありません。

彼らは、『少年』の主人公がそうなりたいと言っていた、宇宙人です。宇宙人であるためには、姿を見られてはいけないのです。

『戦場のメリークリスマス』には、デイヴィッド・ボウイが坂本龍一にキスをする有名なシーンがありますよね。切り返しで撮られたシーンです**〈図版3〉**。重要なのは、

◎戦場のメリークリスマス
1983年／123分
内容：1942年、日本軍占領下ジャワ島の俘虜収容所に、イギリス陸軍少佐ジャック・セリアズが収容された。反抗的ながら毅然としたセリアズに、収容所所長のヨノイ大尉は動揺を隠せない。一方で通訳を担うロレンス中佐とハラ軍曹も、不思議な友情で結ばれていた。クリスマスの晩、セリアズとロレンスはハラ軍曹から、思わぬプレゼントをもらうことになる。

本当に決定的な出来事が、二つのショットの間に消え落ちてしまっているという点です。カメラに背を向けて立っている坂本龍一の両肩をつかんでキスをし始めるデイヴィッド・ボウイは斜め下から仰角ぎみに撮られていますが、これに対する切り返しとして続くショット、すなわち、坂本龍一の驚いている顔をデイヴィッド・ボウイの肩越しに見せるショットは、真正面からのクロースアップです。著しく非対称なこの二つのショットの間には、ほんの僅かですが、時間のギャップがある。その瞬間に、坂本を驚かせる出来事が起きていて、それを二つのショットのフレイムは隠すのです。

後期大島を先取りする『忍者武芸帳』

大島映画は、前期と後期に分けることができます。ただ、前期の作品でも、後期を先取りしている作品

〈図版3〉 セリアズ（デイヴィッド・ボウイ）がヨノイ（坂本龍一）にキスをするシーン。上のショットから下のショットへ切り返される（『戦場のメリークリスマス』大島渚 1983年）

もあります。それが、『忍者武芸帳《にんじゃぶげいちょう》』です。

同作は、白土三平《しらとさんぺい》の漫画を原作としていますが、実写化でも、アニメ化でもなく、漫画それ自体をコマごとに撮ってつくられたものです。

この作品をひとことで言うと、「見えない人たちの話」です。

多くの監督はおそらく、せっかく漫画を映画にするんだから、コマとコマの間を見せようと考えるでしょう。実写化やアニメ化とは、一般には、漫画においてコマとコマの間に失われてしまった運動を取り戻そうとする試みです。しかし、大島渚は、漫画をコマごとに撮り、コマとコマの間に消え落ちたものをそのままに残します。『マックス、モン・アムール』冒頭の鍵穴と同じです。大島は映画のフレイムを漫画のコマに重ね合わせ、決定的な出来事、運動を遮蔽する壁として、機能させるのです。

考えてみると、そもそも、忍者とはそういう人たちなんじゃないでしょうか。コマに描かれているときに何かをやるのではなく、コマとコマの間で、何かをやっている人たち。それが、忍びの者であるということなのではないでしょうか。

大島渚とヌーヴェル・ヴァーグの違い

ここで少し視点を変えて、大島渚と他の監督の違いを考えてみましょう。

◎忍者武芸帳
1967年／117分
内容：父の敵討ちを誓う結城重太郎の復讐と、百姓を一揆に駆り立てる謎の忍者影丸の暗闘を描いた作品。原画からコマを選んで撮影した静止画を、モンタージュやクロースアップなどの技法で組み合わせている。

松竹時代の大島渚は、同じ松竹の大先輩である小津安二郎を批判し、乗り越えるべき対象に位置づけていました。

147ページで、小津映画における赤について取り上げました。醤油さしのキャップの赤やお椀の赤などが画面内に散らばっていて、赤い点の星座が、毎回、編成を変えながら、次のショットにも次のショットにも出てくる。赤は、物語から遊離して「たんなる赤」となって、独自の運動を展開する。それが小津の赤でした。

そうした小津の赤は、まさに大島が自作で絶対に許さないものの一つだったと思います。

大島からすれば、小津は戦後日本の社会的・文化的現実を無視して、解放された赤のようなものを扱えると、脳天気に信じていた人です（大島本人がそういうふうに言っているわけではありませんが）。終戦＝解放といった等式を、大島は認めません。

では、大島はどんなふうに赤を撮るのか。

すべての赤は、日の丸の赤となるほかない。『少年』では、少年がつくった雪だるまの鼻に、赤い長靴が使われます**〈図版4〉**。雪だるまは真っ白ですから、赤がそこにあることで、日の丸になります。周囲も雪景色ですから、ショット

〈図版4〉雪だるま（アンドロメダ星人）の鼻は赤い長靴（『少年』大島渚　1969年）

自体が日の丸になる。重要なのは、少年が雪だるまを、アンドロメダ星人だとしてつくったという点です。つまり、赤をめぐっても、宇宙人になりたいが日本から逃れられないという状況が組織されるわけです。

日の丸から解放された赤は撮れない。それが大島渚にとっての松竹ヌーヴェル・ヴァーグだったと思います。

フランスのヌーヴェル・ヴァーグに近いのは、大島ではなく小津のほうです。ゴダールの『気狂いピエロ』を見ると、小津よりもずっと雑な仕方ではありますが、赤や緑、水色が、それぞれ同色どうしで響き合っています。赤に関しては、小津とは異なり、血も問題になっています。赤いやかんと血が、色彩レベルでつながり合い、「たんなる赤」として、やかんや血であることをやめるのです。

日本映画史でフランスのヌーヴェル・ヴァーグに相当するものは、日活ロマンポルノだと僕は考えています。日活ロマンポルノでは、一定時間ごとにセックスシーンを入れさえすれば、撮影や編集でどんな実験をしても許されました。

その少し前に人気を博した東映任侠映画も、任侠の話を語りさえすれば、作り手は、自由な手法で撮影や編集ができましたが、日活ロマンポルノとは異なり、その物語はいま見ても、感動的であったり、面白かったりします。日活ロマンポルノでは、ゴダールの映画などと同様に、物語の面白さはそれほど重視されません。映画とは何かが、純粋に追究されているのです。

しかも、日活ロマンポルノはヌーヴェル・ヴァーグと同じく集団的です。小津の場合は一人でやっていたわけですから、潮流（vague=wave）ではありません。日活ロマンポルノでは、何人もの監督が相互に刺激し合いながら、映画の実験を集団的に進めました。

ちなみに、日活ロマンポルノ出身の相米慎二は、日活ロマンポルノからポルノを差し引いて映画を撮り、のちの黒沢清や青山真治といった監督の到来を準備した人です。次章ではその、相米について考えてみたいと思います。

カンヌ国際映画祭で好まれる作品

最後に大島のクセと関連して、カンヌ国際映画祭の事件を取り上げましょう。

『戦場のメリークリスマス』がカンヌ国際映画祭のコンペティション部門に出品されたとき、大島たちは絶対に、パルム・ドール（最高賞）を取れると思っていたようです。

しかし、実際に同賞を取ったのは、今村昌平《いまむらしょうへい》監督の『楢山節考《ならやまぶしこう》』でした。大島たちは少なからぬショックを受けます。

しかしいまから思えば、そして、カンヌのことを少しでも知っていれば、これは当然の結果でした。

『楢山節考』は、姥捨《うばす》て山の話です。つまり、日本社会の片隅でひっそりと起きている物事を、世界のみなさんに見せて進ぜようという作品です。似たような方向性で映画を撮っている是枝裕和が、今村に続いてカンヌで同じ賞を取ったのは、おそらく、偶然ではないでしょう。

是枝監督の『誰も知らない』のタイトルが意味しているのは、「誰も見たことがない」ということであり、それを同作が見せてくれるということです。その意味で『楢山節考』も『誰も知らない』というタイトルでよかったわけです。同じように、『万引き家族』も『誰も知らない』というタイトルでいいし、『海街diary』もそうでしょう。

カンヌ国際映画祭は、万国博覧会だと思ってください。「誰も知らない」ものを世界中から集めて、陳列する。ダルデンヌ兄弟やケン・ローチなど、コンペ出品や受賞の常連監督は、カンヌのそうした性質をよく理解しています。

『戦場のメリークリスマス』や『御法度』は確かに、「誰も知らない」という側面を持っていますが、重要なのは、「誰も知らない」ものを、見せずに「誰も知らない」ままに残すという点です。『御法度』[*3]でトミーズ雅が襲われるときも、真っ暗で誰が襲いにきたのか、誰にもまったくわかりません。

クセを知るには『少年』がオススメ

最初の1本は、『少年』がいいと思います。大島が考える民族共同体としての日本の閉鎖性が、フレイムと重なりながらいろいろな仕方で問題にされています。

後期の作品も挙げるなら、『マックス、モン・アムール』です。登場人物が自らの意思で、観客からは見えない場所に閉じこもる様子が、夫の反応とともによく描かれています。

＊3：大島は『御法度』を最後に、映画を撮らなくなります。しかしその次に何かを撮っていたとしたら、それは前期とも後期とも異なる、第三期になっていたのではないでしょうか。後期の閉じこもるという経験を生かして、前期の日本というフレイムからの解放を描く。そんな映画が、撮られていたかもしれません。

09

相米慎二のクセ 特別な時空間の始まりと終わり

相米慎二はこんな人

・1948年1月13日生まれ、2001年9月9日没
・日本／岩手県盛岡市出身
・1972年、中央大学文学部を中退し、長谷川和彦の口利きで日活に契約助監督として入社（1976年に退社）。
・1980年、薬師丸ひろ子主演の『翔んだカップル』で監督デビュー。翌年、『セーラー服と機関銃』がその年の邦画配給収入第1位になる。
・1982年より、長谷川和彦が中心となって設立したディレクターズ・カンパニーで作品を制作。以降、1シーン1カットの長回し撮影や歌の挿入など、独自の演出で作品をつくり続けた。
・新人俳優や子役を積極的に起用。俳優や現場スタッフへの厳しい指導でも知られる。
・CMやオペラなど、映画以外にも進出。2000年頃には舞台演出、新作制作を予定していたが、体調不良により中断。病状が悪化し、2001年に死去。

相米慎二のクセは「特別な時空間の始まりと終わり」

今回考えていくのは、相米慎二《そうまいしんじ》のクセです。

相米慎二のクセは、**「特別な時空間の始まりと終わり」**にあると言えます。作品の始まりで日常が宙吊りになって、特別な時間と空間が開かれ、作品が終わるときに、それも終わる。これが相米のクセの基本です。

長編1作目の**『翔《と》んだカップル』**を例に挙げると、わかりやすいでしょう。同作は、鶴見辰吾演じる高校生の少年が、薬師丸ひろ子演じるクラスメイトと、ふとしたきっかけから二人暮らしをすることになるところから始まります。鶴見辰吾は、普通の高校生なのにクラスメイトと同棲するという、演劇の世界に入るような特別な経験をします。そして、その同居が解消されることで、作品は終わります。

2作目の『セーラー服と機関銃』以降はこのクセに、**死**が重なってきます。

『セーラー服と機関銃』は、死から始まり死で終わります。始まりの死は、目高組《めだかぐみ》の親分の死と、薬師丸ひろ子演じる泉のお父さんの死です。そして終わりの死は、渡瀬恒彦演じる目高組のリーダー佐久間の死です。*1 女子高生の泉は、死とともにヤクザの世界に入り、死とともにそこから出ていくわけです。

◎翔んだカップル
1980年／106分（1983年に122分のオリジナル版発表）
内容：九州から東京の私立高校に進学した勇介（鶴見辰吾）。外国に行った叔父の家に、男性の同居人と住むつもりだったが、不動産屋の手違いで、同級生の少女・山葉圭（薬師丸ひろ子）と暮らすことになってしまう。

＊1：佐久間が死ぬ少し前には、目高組自体が解散しますから、二つの死（目高組の解散＋佐久間の死）で、作品は終わると言うこともできます。

死で始まり、死で終わることで、そこに開かれる特別な時空間は、登場人物たちの生死が問題にならない場になります。わかりやすい例が、『東京上空いらっしゃいませ』の主人公です。同作は、牧瀬里穂演じるアイドルのユウが、自動車にはねられて死ぬことから始まります。ユウは一度死にますが、天国で死神をだまして復活します。そして、もう一度死ぬことで、作品は終わります。このようにして、相米映画の登場人物たちは、生物学的な生が問題にならないような時空間としての作品世界を生きるのです。

盆踊りを撮るために長回しを使う

このおかしな時空間は、**「盆踊り」**のようなものでしょう。実際、『ションベン・ライダー』は、盆踊りのやぐらを映し出すショットで始まりますし**〈図版1〉**、『お引越し』でも祇園祭や大文字焼き、琵琶湖のお祭りと松明など、盆踊りに準ずる装置が導入されます。

盆踊りって、みんなで輪になって、ズンドコズンドコ踊るものですよね。たとえば東京音頭の場合、曲調がずっと一定で、曲の終わりがあるよう

〈図版1〉中学校の校庭に設置された舞台（『ションベン・ライダー』相米慎二 1983年）

でないような感じがします。終わっても、あたかも終わっていないかのように、次の曲が始まります。

AからBに移行するのかもしれないけど、同じ運動の中にいる。相米映画は長回しの多用で知られますが、相米にとっての長回しは、そのような切断のない連鎖を撮るための技術です。18シーン1ショットの長回しで始まる『雪の断章－情熱－』は、その好例です。この18シーン1ショットは、18曲1盆踊りと言い換えてもいいでしょう。

おかしな時空間を規定する要素として、**歌**も非常に重要です。[*2] 相米の映画では、踊りを伴った歌がよく挿入されます。たとえば『ションベン・ライダー』における『ギンギラギンにさりげなく』や『ふられてBANZAI』です。当時流行っていた近藤真彦の歌謡曲です。

盆踊りでは実際、曲が止まると盆踊り空間自体が立ち消えて、祖先の霊はあの世に帰ってしまいそうになります。だから曲が止まった瞬間に、まずいぞ、次の曲をかけなきゃということになる。相米にとっての音楽も、盆踊り的時空間を立ち上げ、持続させるためのものです。

そのような特別な時空間を舞台にして、相米は様々な実験を行います。

＊2：『セーラー服と機関銃』でも、『カスバの女』という歌が、何回か歌われます。「ここは地の果てアルジェリア」という歌詞ですね。有名な「カイカン」のシーンでは、劇伴としてかかっています。

その中心をなすのが、**身体の実験**と、**言葉の実験**です。役者にいろいろな動きをさせたり、おかしなことを言わせたりします。

異質な身体のまま異質な演劇空間に入る『セーラー服と機関銃』

まずは『**セーラー服と機関銃**』の仕組みから、考えてみましょう。

薬師丸ひろ子演じる女子高生の泉が、目高組という暴力団の組長にさせられます。未知の環境に突然入る。泉は佐久間から組長になってくれと頼まれると実際、「環境が違い過ぎて嫌だ」と最初は断ります。

女子高生という特別な環境に属している人が、別の特別な環境である暴力団に入る。女子高生として規定された身体が、それとは異質な環境に身を置くわけです。

ここで大事なのは、泉が女子高生であることをやめないことです。

彼女の「座り方」に注目してみましょう。ヤクザだったらやらないであろう座り方を、泉はしています。酒をみんなで飲むときは酒樽の上に座っていますし、親分のところに行ったときは、椅子があるのに窓際の高いところに座っています。また友人たちと一緒に行った公園では、大仏の膝の上に座っています。

座り方以外にも、ヤクザの親分らしからぬ振る舞いはいろいろと見られます。後半

◎セーラー服と機関銃
1981年／112分
内容：父を亡くしてひとりになった女子高生の星泉のもとに、こわもての男たちが現れた。弱小ヤクザ目高組の親分の遺言により、血縁者の泉に組を継いでほしいという。仕方なく組を継いだ泉は、対立する組織との争いに身を投じることになる。

で、泉は寺田農演じる萩原に車で誘拐されます。最初のショットでは嫌だ嫌だと言っている泉ですが、その次のショットでは、車内で眠ってしまっています。そんな組長はいませんよね。

最後の殴り込みのシーンも同じです。泉は佐久間たちと敵対組織に殴り込みにいくとき、制服を着てクルクルと回っています。ヤクザらしい身体の動かし方は、まったくしていません。

他方で、そうした女子高生の身体に、揺らぎが生じる瞬間もあります。

たとえば、ヒコと泉がバイクに乗った長回しのシーンと、刑事に刺されたメイを泉が手当てする長回しのシーンです。

前者では、泉は気分を変えたいからバイクに乗せてくれと、ヒコに頼みます。なぜ目高組に入ったのかとヒコに訊いたりしながら、泉は楽しそうにしています。後者のシーンでは、自分は死ぬんじゃないかと焦るメイと、彼をなだめる泉の様子が示されます。

いずれのシーンでも、泉は女子高生の身体から少しはみ出ており、ヒコとメイも、ヤクザの身体から少しはみ出しています。そのような身体の揺らぎの中で、泉とヒコ、泉とメイが、真に「出会う」瞬間が到来します。そして、その直後にヒコもメイも殺されてしまうので、出会いの瞬間は、事後的に、より感動的なものとなります。

未規定な身体が試練にさらされる『ションベン・ライダー』

『ションベン・ライダー』でも、身体の実験が行われています。

デブナガといういじめっ子のガキ大将がヤクザに誘拐されて解放されるまで、という非日常的な時空間に、河合美智子、坂上忍、永瀬正敏の演じる三人の少年少女が入ります。

三人は『セーラー服と機関銃』の泉とは異なり、何かに規定された存在ではありません。たとえば、河合美智子演じるブルースという女の子は男の子の服装をしており、自分のことを「僕は男の子だ」と言っています。三人の身体は、そのような自由の残された**未規定な身体**なのです。

そういう未規定な身体が、登場人物の身体なのか、俳優の身体なのか、区別がつかない仕方で、いろいろな**試練**にとにかくさらされます。[*3] 塀や壁をよじ登ったり、窓から外に出たり、とんでもない高さの橋から川に飛び込んだり、といった具合です。その様子が、長回しでとらえられます**〈図版2〉**。

『ションベン・ライダー』での長回しは、パルクールというスポーツを想起させます。

◎ションベン・ライダー
1983年／118分
内容：いじめっ子のデブナガに仕返しを誓うジョジョ、辞書、ブルースたち中学生。だが目の前で、デブナガがヤクザに連れ去られてしまう。覚醒剤を売るデブナガの父へのいやがらせのためだ。三人はデブナガを救出すべく、ヤクザの足取りを追い始めた。

＊3：『セーラー服と機関銃』にも、同様のシーンはあります。薬師丸ひろ子をクレーンでぶら下げて生コンクリートに浸けたり、大きな十字架にかけたりするシーンです。そうしたシーンでは女子高生という規定は問題ではなくなっており、薬師丸ひろ子その人でもあり登場人物の泉でもある身体が、過酷な試練にさらされています。『ションベン・ライダー』ではこれが全面展開されます。

パルクールはフランス発祥の、街中で塀や壁を次から次へと渡っていくスポーツです。2階や3階から壁づたいに下に降りたり、ビルとビルの間を飛んだりします。その様子を撮影した動画は、YouTubeなどに山のように公開されています。

パルクールを撮影する際には、身体の動きの連続性をとらえるのが重要ですから、普通はカット割りをしません。カットを割ったらインチキだと疑われかねませんからね。『ションベン・ライダー』もこれと同じです。

俳優のドキュメンタリー『魚影の群れ』

次作の『**魚影の群れ**』は、『ションベン・ライダー』と同じく、過酷な状況に身体を置く作品です。マグロ漁にまつわるフィクションを利用した**俳優の身体についてのドキュメンタリー**です。

緒形拳演じる漁師が小型船で海に出てマグロを釣る長回しのシーンでは、緒形拳は、本当にボートを運転しているようにしか見えません。誰かが釣り糸にマグロを括りつけたのかもしれませんが、いずれにせよ、緒形拳がその糸を手繰り寄せてマグロを釣り上げていることは、疑い得

〈図版2〉 橋の上から川へ飛び込む様子を長回しで撮影（『ションベン・ライダー』相米慎二　1983年）

ません。

つまり、マグロ釣りという盆踊り時空間の中で、緒形拳その人が物理的な試練にさらされているのです。[*4] したがって、緒形拳や佐藤浩市がどんな役名なのかは、あまり重要ではなくなってきます。

『セーラー服と機関銃』では、泉は女子高生のまま、ヤクザの世界に身を投じました。他方、『魚影の群れ』では、俳優は、盆踊り空間に入ることで、マグロ漁師そのものになります。

これは、俳優だから何でも演じられるという話ではありません。『魚影の群れ』でのマグロ釣りは演技ではなく、実際にやっているわけですから。僕たち観客が目の当たりにするのは、**身体の可塑性**《かそせい》だと言ってもいいでしょう。身体はとてもしなやかで、そのしなやかさは僕たちの想像を超えているということを、相米映画は突きつけてくるのです。

言語のレベルでも、身体の可塑性が問題になっています。

登場人物たちが話すのは、津軽弁です。津軽弁は、数ある方言の中でも、身につけるのが特に難しいと言われています。そのような津軽弁を緒形拳たちが話していることにも、僕たち観客は驚かせられます。口がリセットされ、新たな動かし方を獲得しているのです。

◎魚影の群れ
1983年／141分
内容：小浜房次郎（緒形拳）は、大間でマグロの一本釣りをするベテラン漁師。ある日、娘のトキ子と結婚したいという男（佐藤浩市）が現れ、一緒に漁へ行くことに。漁の途中で男は大怪我を負うが、房次郎はマグロ釣りに必死で、なかなか引き返そうとしない。帰港後しばらくして、トキ子と男は町を離れた。

＊4：新人漁師役の佐藤浩市は船酔いになりますが、緒形拳は船酔いにならずにマグロを釣っています。撮影前に克服してきたのでしょう。

『台風クラブ』の時空間と水の関係

相米の盆踊り時空間の重要な要素として、**水**も挙げられます。『ションベン・ライダー』には、ラストに激しい放水シーンがありますし、川の中に飛び込んでいったり、遊園地で豪雨が降ったりと、水が頻出します。『魚影の群れ』も舞台は海です。

これら2本と同様に、タイトルがすでに水を想起させる作品として、『台風クラブ』[*5]もあります。

中学生たちは、制服をいったん脱ぐことで、日常から外れ、盆踊り時空間に入ります。[*6]このとき、水が介入します。大雨が降る夜の学校で、中学生たちは制服を脱いで外に飛び出し、踊りまわる。水盆踊りとでも呼べる状態で、日常から逸脱していきます。

また、相米の他作以上に、とりわけ『台風クラブ』を盆踊りに重ねてみたくさせる要素として、三上という男の子が、教室の机と椅子を並び替える長回しのシーンがあります。三上は机と椅子をごちゃごちゃにして、バリケードのようなものをつくりますが、これは、まさに、やぐら組みそのものです。

『台風クラブ』については、始まりの死と終わりの死とが、どちらも水を伴っているという点も重要です。同作は、明という少年がプールでおぼれ死にそうになるところから始まり、三上が教室から水の溜まった校庭に飛び降りることで終わります。[*7]

◎台風クラブ
1985年／115分
内容：東京近郊の中学校に、台風が近づいてきた。教師の手違いで、台風の夜に学校に閉じ込められた生徒たち。感情が高ぶった少年少女たちは、日頃の鬱屈を爆発させていく。

＊5：台風が去ったあと、校庭に巨大な水溜まりができるのも、『台風クラブ』の盆踊りが水浴びだということを示しています。

＊6：着ている場合にも、濡れたり、破れたりします。途中から別行動になる工藤夕貴は制服からドレスに着替えます。また、みどりという人物は演劇部のドレスを着たり、ウィッグをかぶったりします。

同居の話に死が加わった『雪の断章 - 情熱 - 』

続く**『雪の断章 - 情熱 - 』**は、『翔んだカップル』と同じく、同居の映画です。一緒に住むのは、斉藤由貴と榎木《えのき》孝明《たかあき》です。

『翔んだカップル』も『雪の断章』も、同居は安定したものではありません。好きになるかもしれないし、ならないかもしれない。そういうおかしな緊張が組織されます。

これは、過冷却などの物理現象に見られる準安定状態に似ています。

水はゆっくり静かに冷やしていくと、0度より温度が下がっても、液体のままにとどまります。これが過冷却です。見かけは水ですが、氷点下にあるので、氷になりたくてしょうがない。だからそこにちょっとした振動を与えると、一気に氷結します。『翔んだカップル』と『雪の断章』のカップルも、準安定状態にあると言っていいでしょう。

ただ、『雪の断章』は『翔んだカップル』よりも辛気臭い作品です。それは準安定状態が新たな安定状態へと解決される過程に、死が伴っているからです。『翔んだカップル』では石原真理子が留学するといった程度で済みましたが、『雪の断章』では榎木孝明の親友役の世良公則が死ぬことになります。

『雪の断章』でも、俳優その人の身体に対する実験がなされていますが、「雪」をタ

＊7：『台風クラブ』では、『もしも明日が』が盆踊りの曲として一貫してかかっています。

◎雪の断章 - 情熱 -
1985年／100分
内容：養家から虐待を受ける伊織（斉藤由貴）を不憫に思い、彼女を引き取った雄一（榎木孝明）。雄一と彼の親友大介（世良公則）のもとで成長した伊織は、大学受験を考える年になった。そんなとき、雄一のアパートに越してきた養家の娘が、何者かに殺されてしまう。

イトルに含む同作では、いわば、『台風クラブ』由来の水と、『魚影の群れ』由来の寒さが合流しています。

秋が深まって寒そうな中、斉藤由貴は川の水に浸かった飛石を、靴を履いたまま荷物を持って渡っていくことを強いられ、またその少しあとには、札幌の豊平川と思しき川で泳がされることにもなります。

また、夜の海で、斉藤が世良公則を探すシーンでも、身体の実験が全面展開されています。雪が降って波が押し寄せる中、斉藤は消波ブロックをピョンピョン渡っていきます。そのようにして波止場に積まれた消波ブロックを降りていくと、世良が岩に座って、波を浴びています。ここでも、どういう物語だったかがもはや気にならなくなるくらい、身体そのものの存在が画面を支配しています。

生の回復を問題にした『東京上空いらっしゃいませ』

こうした身体実験が一段落したのが、『**東京上空いらっしゃいませ**』です。

一般的にも、同作から相米映画は新時代に入ったといろいろな観点から言われていますが、僕にとっては、俳優の身体を厳しい条件に置くのをやめたことが重要です。

『雪の断章』の場合、斉藤由貴は絶対痛いし寒いし、死ぬかも？　と思っていたでしょ

◎**東京上空いらっしゃいませ**
1990年／109分
内容：キャンペーンガールのユウは車中で、同乗していたスポンサーの白雪恭一から無理やり関係を求めら

う。撮影中に、おそらく怪我もしたのではないかと推測します。

そうした身体実験をやめた。代わって『東京上空いらっしゃいませ』では、ひとことで言えば**「疎外と疎外からの回復」**が、盆踊り時空間で問題にされることになります。疎外されているのは、身体・生命です。身体・生命が疎外されることで、私たちは自分の本来的な人生を生きている気がしなくなります。そういう身体・生命が回復される場として、盆踊り時空間が機能するようになります。相米は本作で初めて、社会の問題と呼んでいいようなものを導入したのです。

具体的に考えていきましょう。

語られるのは、交通事故で死んだ若い女性が死神をだまして蘇り、もう一度死ぬというお話です。

牧瀬里穂演じるユウは、イメージガールです。イメージガールとは、企業や商品を宣伝するために起用される女性です。そのような、イメージとして生きることを強いられ、また、それを引き受けてもいる存在が、死ぬことによってイメージであることをやめます。

生きているとき、つまりイメージガールであるときから、ユウは目をげんこつで擦ったり、口を大きくあけてあくびをするなど、イメージを崩す振る舞いを見せ、イメージであることに疲労しています＊8**〈図版3〉**。

れた。とっさに車から飛び出したが、後続の車にはねられ、ユウは死んでしまう。そのまま天国に上るものの、白雪とそっくりな死神コオロギをだまして、地上に戻ることに成功。広告代理店の担当でマネージャー役の文夫のマンションに、姿を現した。

＊8：中井貴一演じるマネージャーの雨宮から「げんこで擦るのやめなさい」と注意されています。

しかし、一度死んで蘇ると、様子が一変します。彼女はハキハキとしゃべって、高い声で明るく笑うようになる**〈図版4〉**。蘇ったユウは写真に写らないし、影もできません。つまり、イメージがありません。そういうイメージを欠いた存在になることで、ユウは本来的な生を取り戻すのです。[*9]

身体は、もはや、過酷な試練にさらされるものではありません。イメージであることから解放された、自由で、生き生きとした身体が問題になります。

マネージャーである雨宮のアパートでのシーンから考えてみましょう。

アパート内部はハムスターの小屋のような構造になっていて、ユウは、まさに、元気なハムちゃんのように、四つん這いになってベッドから飛び降りたり、階段で下から上がってきたり、窓から

〈図版3（上）〉生きているときのユウ。目を擦りあくびをしている
〈図版4（下）〉車にひかれたのち、死神をだまして死から一度蘇ったユウ
（『東京上空いらっしゃいませ』相米慎二　1990年）

ベランダに出たりと、のびのびと、自由に動き回ります。また、ドムドムハンバーガーでアルバイトをするユウの活気に溢れた動きも、とても感動的なものです。

盆踊りが始まる前に曲が始まる

身体の扱いの変化とともに、曲の扱いにも変化が見られます。

本作では、井上陽水作曲の『帰れない二人』が、ヴァージョンを変えて何度も流れます。これまで音楽は、盆踊り空間を立ち上げるものでしたが、本作ではこの曲が、ユウが死ぬ前の、まだキャンペーンガールであるシーンからかかっています。つまり、盆踊りが始まる前から炭坑節がかかってしまっているということです。*10

相米映画における盆踊りと曲のこれまでの関係とは、したがって、異なります。

フランスの哲学者のドゥルーズ&ガタリはフロイトを引用して、曲についてこんなふうに言っています。

「森の中を歩いていると、怖いから口笛を吹く。口笛を吹くことは、自分のテリトリーをつくることであり、領土化である。鳥がピーピー鳴いているのも、領土化だ」

これまでの曲と盆踊りの関係は、まさにこれです。曲が鳴っている間は盆踊りがあり、曲が消えると盆踊りは終わります。

＊9：セリフレベルでも、このことは確認できます。復活後のユウは屋形船の屋根のうえで、「いまが一番生きている感じがする」と言います。

＊10：ちなみにユウが鶴瓶演じる白雪と一緒に車に乗ってるシーンでも、ラジオから曲が流れます。ユウが死ぬ前（盆踊りが始まる前）に2回も曲がかかるわけです。

『東京上空いらっしゃいませ』でも、陽水の曲は、蘇ったユウの生きる時空間を持続させるものになっています。しかし、その時空間が開かれる前にも、同じ曲が、すでに聞こえてきている。これは、盆踊り時空間で取り戻されることになる本当の生が、イメージによって疎外されてはいても、潜在的には、すでにそこにあるということではないでしょうか。

『お引越し』で主人公は「見る人」になる

続く『**お引越し**』にも、相米映画の新展開が見られます。

同作は、田畑智子演じるレンコの両親が別居するところから始まり、両親が離婚届を出すところで終わります。

前作と同じく、身体への試練はありません。レンコが滋賀の山中で一晩を過ごすシーンは、一見すると身体の試練のようですが、レンコの服があまり汚れないことからもわかる通り、かつての相米作品に見られたような、過酷な身体実験とはほど遠いものです。

レンコの服が汚れない最大の理由は、**彼女が、「する人」ではもはやなく、「見る人」であること**という点に存しています。

◎**お引越し**
1993年／124分
内容：両親の別居が決まり、母親と二人暮らしをすることになった、京都の小学6年生レンコ（田畑智子）。父ケンイチ（中井貴一）と母ナズナ（桜田淳子）は、離婚するつもりらしい。レンコは離婚を阻止しようと、かつて家族で訪れた琵琶湖への旅行を計画するが……。

『東京上空いらっしゃいませ』までの盆踊りは、自分も踊る、参加するものとしてありました。それが『お引越し』では、**見るもの**となったのです。[*11]

これまでのお祭りは、踊ることで初めて立ち現れるものでした。しかし、『お引越し』でのお祭りは、祇園祭りや大文字焼き、琵琶湖のお祭りなど、本当にあるお祭りです。これらはレンコがいようがいまいが、毎年、行われています。レンコは、自ら踊って盆踊りを立ち上がらせるのではなく、眼前に生起する盆踊りをただ見物するだけです。しかし、まさに、この見るという行為を通じて初めて、レンコは、中井貴一と桜田淳子演じる両親の離婚を、受け入れられるようになるのです。

主人公が「見る人」になったことで、身体は中心的な問題ではなくなっています。レンコは逆立ちもするし、中井貴一と鴨川の河川敷でスパーリングをしたりもしますが、そうした散発的な身体の発動は、いわば、それまでの相米作品たちがレンコにあいさつに来た、といった次元にとどまっています。

先ほど挙げた山中のシーンでは、レンコの着ている白い服が、ほとんど汚れないというだけでなく、カット割りもされています。身体の実験であれば、これまでに見た通り、カット割りはせずに長回しで撮影しなければならないはずでしょう。

身体の周縁化に伴って、水の量も少なくなっています。確かに神社前での土砂降り

*11：『東京上空いらっしゃいませ』でも、ユウが実家では何もしないで見るだけの存在になるというかたちで、部分的に問題になっていました。

はかなりの水量ですが、しかし、疎水で生き物を捕っているシーンなどは、濁流に呑み込まれそうになるといった事態とは無縁としか言いようがありません。また、おじいちゃんが水まきしていると、水がレンコにかかるシーンがありますが、それも『ションベン・ライダー』の最後の放水とは比較にならない水の少なさです。

また終盤、レンコ子が琵琶湖で家族の幻を見るシーンがあります。幸せそうにしている家族の幻を見て、レンコは「おめでとうございます」と叫ぶ。ここでの琵琶湖の水にも、もはや、物質としての暴力性のようなものは見出せません。

火もそうです。『ションベン・ライダー』には伊武雅刀が、やばいんじゃないのかというくらい火の近くにいるシーンがありますが、本作ではそういう火の使い方も、もうありません。これも、レンコが踊る人ではなく、見る人であることで生じた変化だと言えるでしょう。

結果が物質化する『あ、春』

『あ、春』でも、やはり、俳優その人の身体が過酷な試練にさらされることはありません。しかし、そうした試練抜きにですが、身体が、再び問題にされています。『セーラー服と機関銃』のように、異質な身体が特定の環境に、異質さを保ち続けて侵入し

◎あ、春
1998年／100分
内容：一流大学出身で証券会社勤務の韮崎紘（佐藤浩市）は、良家に婿入りして不自由のない生活を送っていた。母から幼い頃に父を亡くしたと聞かされていたが、妻瑞穂（斉藤由貴）の父が亡くなってまもなく、死んだはずの父笹一（山崎努）が、韮崎家にやってきた。

てくるのです。

同作で侵入してくるのは、山﨑努演じる浮浪者の笹一《ささいち》です。佐藤浩市演じる紘《ひろし》は、斉藤由貴演じる妻瑞穂の実家に、夫婦で住んでいます。裕福な家で、紘自身も有名な証券会社に勤めています。笹一は、紘の父だと言ってそうしたブルジョアの家に入ってきても、そこでブルジョア的身体性を身につけるわけではありません。むしろ逆に、紘の息子にサイコロ賭博のチンチロリンを教えたり、いかにも吸ってはいけなそうな場所で煙草を吸ったりしています。*12

笹一の侵入のきっかけは、葬式です。*13 本作は、葬儀から始まって葬儀で終わります。最初の葬式は瑞穂のお父さんの葬式で、二つ目の葬儀は笹一の散骨です。瑞穂の父の死をきっかけに、死んだと思われていた紘の父、笹一が「復活」する。そして、その笹一が、いわば再び死ぬことで、作品は終わるわけです。

『東京上空いらっしゃいませ』のユウと同様、笹一も、**死と復活**を生きています。しかも彼は、それを自ら再演してみせもします。節分のシーンです。

笹一は鬼に扮して、紘の息子と豆まきに興じます。瑞穂と彼女のお母さんも一緒です。笹一は場を盛り上げるのですが、急に倒れ込んで、動かなくなってしまいます。坊や、瑞穂、瑞穂のお母さん、そして、我々観客も、笹一が死んでしまったのではな

＊12：紘のお母さんを演じる富司純子も、彼女の経営する国道沿いのドライブインで煙草を吸っています。

＊13：最初の葬式では、紘が5歳のときにお父さんが死んだことが話されてもいます。いわば、死んだ父が、別の父の死をきっかけに蘇ってくるわけです。

いかと慌てます。しかし笹一は、シシトウを鬼の牙のように口に含んで、起き上がります。

笹一が蘇ることで開かれた時空間をみんなで生きることで、何がもたらされるのか。「春」です。

笹一の骨を川に撒く長回しのシーンでは、まず、紘と瑞穂の乗っているボートが右から左に移動します。画面外から誰かの声が聞こえてくると、今度は画面内に、笹一の内縁の妻、瑞穂の母、紘の母の三人が一緒に乗ったボートが入ってきます。この三人は、作品が始まったときには、一緒に一つのショットに収まり、しかも、同じ運動を生きることなど、想像すらできなかったような組み合わせです。笹一が開いた時空間の結果が、このように画面上にはっきりと示されるのです。

『あ、春』は、**結果が物質化する作品**です。散骨シーンに先立って、紘と瑞穂が、病室ですでに息を引き取っている笹一と対面する長回しのシーンがあります。二人が笹一から離れようとすると、「カチ、カチ」という音が聞こえ、それをきっかけに紘は再び笹一に近寄って、一気に白い布団を剥ぎ、腹巻をめくる。すると、笹一の腹の上に、1羽のヒヨコがひょっこり現れます。*14

盆踊りが終わったあとに盆踊り会場に行ったら、ヒヨコが生まれていた。盆踊りの

＊14：韮崎家で育てていたニワトリが産んだ卵を、笹一は瑞穂から受け取っていました。

生み出した結果が、そのように、画面上ではっきりと像を結ぶのです。盆踊りの終わりに到来するのは、少しさびしい秋ではない。ほっこりとした春なのです。

『風花』で再び身体の可塑性が問題になる

遺作となった『風花《かざはな》』は『魚影の群れ』に少し似ていて、俳優の身体の可塑性《かそせい》が再び問題になっているように思えます。

同作は、浅野忠信演じる官僚と、小泉今日子演じる風俗嬢が出会って、集団が形成されることで始まり、その集団が解散されることで終わります。身体の可塑性が問題になるのは、浅野忠信についてには、官僚を演じること自体においてではなく、素面と酩酊状態の演じ分けにおいてです。

他方、小泉今日子は、フラッシュバックのたびに、まるで異なる容姿になっています。

クセを知るには『東京上空いらっしゃいませ』がオススメ

みんなが楽しく見られる作品としては、一般的にお墨付きのある『セーラー服と機関銃』が挙げられます。もちろん『セーラー服と機関銃』にも、二つの死の間に盆踊

◎風花
2001年／116分
内容：文部省のキャリア官僚廉司（浅野忠信）は、飲酒中のトラブルが週刊誌に掲載されて謹慎中。だが、再び泥酔して、見ず知らずの女性ゆり子につきそい、北海道へ行くことになる。ゆり子は亡夫が残した借金返済のため、北海道から東京に移ってピンサロで働いていたが、幼い娘に会うため、5年ぶりに帰郷しようとしていた。

り空間が立ち上がるというクセは見られるので、相米作品1本目として悪いとは思いませんが、僕がオススメしたいのは、『東京上空いらっしゃいませ』です。

同作は、二つの死が一番はっきりしています。臨床的な死と絶対的な死。他の相米作品は本作の変奏として、見ることができるでしょう。

鶴瓶演じるコオロギと牧瀬里穂が、おかしな庭のようなところにいるシーンなど、どうとらえていいかよくわからない箇所もありますが、相米のクセを考えるのに、ぴったりな作品だと思います。

10

黒沢清のクセ
人がどう消えるか気になってくる

黒沢清はこんな人

・1955年7月19日生まれ
・日本／兵庫県神戸市出身
・高校時代から、自主映画を制作。立教大学社会学部に進学し、蓮實重彦に師事する。同校の映画制作サークルにも参加。
・自主制作した『SCHOOL DAYS』(78) がきっかけで、長谷川和彦の『太陽を盗んだ男』の制作に参加（チーフ助監督は相米慎二）。
・1981年、『しがらみ学園』(80) が第4回ぴあフィルムフェスティバルに入選。相米慎二の『セーラー服と機関銃』に助監督として参加。
・長谷川のディレクターズ・カンパニーに参加し、『神田川淫乱戦争』(83) で長編監督デビュー。
・1997年に公開された『CURE』が、国内外で注目を浴びる。以降、『回路』(01)、『アカルイミライ』(03) などを発表、作品ごとに実験を行う。
・2020年、『スパイの妻』がヴェネチア国際映画祭で銀獅子賞（監督賞）を受賞。2021年には紫綬褒章、2024年にはフランス政府より芸術文化勲章オフィシエを受賞。

「人がどう消えるか気になってくる」黒沢清の映画

今回考えていく監督は、黒沢清です。

黒沢清は他の監督よりも実験精神旺盛で、同じことを最初からいまに至るまで繰り返しているとは、どうしても思えないというのが正直なところです。

どちらかというと、黒沢清の映画を見る我々のほうが、ちょっとしたクセを身につけることになります。我々は黒沢作品を見るとき、**「今回は、どのように人が消えるのかな？」**と気になって仕方がなくなります。そういう我々観客の側のクセを導きの糸にして、今回は、黒沢映画に取り組んでみたいと思います。

監督自身もどこかで言っていたことですが、画面から人を消す手法には、古典となっているものがあります。『男はつらいよ』の寅さんを例に、それを説明しておきます。『男はつらいよ』にはだいたい、旅から帰ってきた寅さんが、また旅に出るというシーンがあります。

柴又の団子屋の店先で寅さんと妹のさくらが二人で話している様子をとらえたショットが、まず示されます。すると、画面外から声が聞こえてきます。さくらが振り返るのと同時に、ショットが切り替わり、団子屋の奥の勝手口から顔を覗かせているタコ社長の姿が示されます。そして、もう一度、もとのショットに戻ると、寅さんはもういいなくなっています。これが、古典というか、文法になっている、画面から人物を消す際の典型的な手法です。黒沢映画ではこれとは違う様々な方法で人を消す実験が行われるので、観客は毎回気になってしまうわけです。

『岸辺の旅』では二つのショットで人が消える

近年の作品では、**『岸辺の旅』**が第一に思い浮かびます。同作は、深津絵里のもとに、死んだ夫の浅野忠信が、戻ってくるところから始まります。浅野は、いわば、幽霊です。幽霊ですから、深津も我々も、彼が画面に映っていることを、安心して見ていられません。いついなくなってもおかしくないし、いるほうがむしろおかしいからです。

そうは言っても、2時間近くずっと浅野が画面にいるのを眺めていると、深津も我々観客もいつしか目が慣れてきて、画面上に浅野がいるのが当たり前なような気がしてきます。我々がそのように安心しそうになったところで、突然いなくなるのです。寅さんの場合とは全然違う仕方で、いなくなります。

海辺の草地に横並びに座っている深津と浅野の上半身が、両者を一緒に画面内に収

◎岸辺の旅
2015年／128分
内容：3年前に失踪した夫の優介（浅野忠信）が、瑞希（深津絵里）のもとに突然帰ってきた。生きているように見える優介だが、すでに死んでいるという。ふとした瞬間に姿を消して、瑞希を不安にさせる優介。やがて二人は、優介失踪中の足跡をたどる旅に出かける。

めた切り返しで数回、示されます。しかし、それが、引き画《え》に切り替わると、画面内にはもう浅野はおらず、画面右半分に広く無人の草地を残して、深津だけが座っています。つまり、タコ社長のような第三項のショットをはさまずに、**いるショットから、いないショットに直接、転じる**わけです。＊1

『スパイの妻』では一つのショットで人が消える

『岸辺の旅』から5年後に公開された『**スパイの妻**』では、また、異なる消え方が実験されます。

同作の主な舞台は、１９４０年の神戸です。主人公は、蒼井優と高橋一生演じる福原夫婦。夫は神戸で、貿易会社を営んでいます。彼は仕事で満州を訪れたとき、日本軍による人体実験の事実を知ります。これは国際社会に告発しなければいけないということで、日本の外に飛び出すことを決める。事実を知った蒼井優も、高橋一生と行動をともにしようとします。

二人は夫婦で力を合わせて日本から脱出しようと、互いに言い合っていますが、しかし、両者とも、実際には一人しか脱出できないであろうことに、うすうす勘づいています。要するに、それぞれが、相手を欺いて、自分こそが出ていこうとしているわ

＊1：『岸辺の旅』には、これと似た方法で人が消えるシーンがもう一つあります。消えるのは、浅野と同じ幽霊のようなおじさんです。まず、木のそばに座っているおじさんが正面から映されます。次に、正反対の位置から撮ったショットで、おじさんはいなくなります。

◎スパイの妻
２０２０年／１１５分
内容：貿易商の福原優作（高橋一生）は満州で、日本軍による人体実験の秘密を知った。世界に事実を発表しようと、準備を進める勇作。妻聡子（蒼井優）は夫がスパイと非難されるのではと不安を抱きながらも、彼を助けようと決心する。

けです。

「脱出」とは、画面外への脱出、まさに画面から消えることです。ここでは、大島渚の映画を想起させるような仕方で、画面あるいはフレイムと、日本が重ね合わされています。

先ほど寅さんを例にして、人が消える場合、「映画の文法」上は三つのショットが必要だと、説明しました。これに対して『岸辺の旅』は、いるショットが直ちに、いないショットに転じるという、すごく乱暴な作品だったわけです。

これが『スパイの妻』になると、**たった一つのショットで消える**ことになります。


画面から消えるのに成功するのは、夫のほうです。画面奥へと進む小型船の船尾に、カメラのほうを向いて彼は立ち、帽子を持った手を振っています。船は画面の奥へどんどん遠ざかっていき、夫は、彼の乗った船とともに、白い靄の中へと溶け込むように消えていきます**〈図版1〉**。画面一面が白くなって終わるその長回しショット以降、夫が画面内に再び戻ってくることはありません。妻とのだまくらかし合戦に、勝利したの

〈図版1〉白い靄が立ち込める中、船で画面の奥へと消えていく高橋一生（『スパイの妻』黒沢清　2020年）

です。[*2]

物語の内容は端折りますが、夫との演劇合戦に自分が完敗したことを知った妻は、大きなスクリーンに向かって走っていき、そのスクリーンを背にして立ち、「お見事！」と絶叫します。興味深いのは、ここで妻も、夫と同じように、白壁を背にして立つという点です。ですが、彼女は濃い赤色のワンピースを着ていて、夫のように白壁の中に溶け込んでいくことがまったくできません。

『スパイの妻』は、砂浜で泣き崩れる妻をロングでとらえたあとに、彼女の慟哭が響く中、ティルトアップ[*3]して、暗いために海と空の境がはっきりしない沖をとらえたショットで終わります。妻は一人画面に残され、また、その画面自体が、彼女の脱出を妨げる黒い壁として屹立するわけです。

隠れることで消える『LOFT ロフト』

『スパイの妻』以前にも、一つのショットの中で人が消える作品はあります。たとえば『LOFT ロフト』です。『岸辺の旅』の深津は、幽霊の浅野が画面内にとどまることを望んでいましたが、『LOFT』の中谷美紀は、やはり幽霊の安達祐実が画面

＊2：白い画面は、スクリーンを彷彿とさせます。画面が白いスクリーンそのものに見えることで、作品それ自体の上映が終わったかのような状態になります。

＊3：ティルトアップは、カメラを下から上へ垂直に振る撮影方法。上から下に振ることは、ティルトダウンという。

◎LOFT ロフト
2005年／115分
内容：スランプ中の作家礼子（中谷美紀）は、編集者の勧めで郊外の洋館に引っ越した。その向かいの建物に、男が何かを運び込むのを礼子は目撃する。男は考

内に出てくることを恐れています。

注目したいのは、中谷が安達を森の中で見かけるシーンです。中谷の見た目と想定されたショットで、森の木々の間に安達が姿を現します。しかし、ある瞬間に、安達は1本の木の背後に隠れてしまう。ここで重要なのは、**「隠れる」が、そのまま、「消える」になっている**という点です。「隠れる」というのは、通常は、画面内の空間にはいるけれど、見えないということです。ところが、ここで起きていることは、それ以上のことです。『スパイの妻』の夫と同じように、ここでの安達も、フレイムアウトすることなしに、いわば、絶対的な画面外へと出ていくのです。

『ダゲレオタイプの女』に寅さん方式が採用されたのはなぜ？

黒沢映画には、しかし、寅さん方式が採用されている作品もあります。たとえば**『ダゲレオタイプの女』**がそうです。

『ダゲレオタイプの女』でも『岸辺の旅』のように、死んだ人が戻ってきます。

主人公は、写真家のアシスタントのジャンと、写真家の娘のマリです。マリは一度死んだあと、蘇ってジャンのもとへと戻ってきます。

古学者の吉岡誠（豊川悦司）で、近くの沼で発見されたミイラを大学の施設から移していた。そんな吉岡から、礼子はミイラを一時預かることになる。やがて吉岡は、洋館の前の住人（安達祐実）を殺したかもしれないと、礼子に打ち明ける。

◎ダゲレオタイプの女
2016年／131分
内容：写真家のステファンは、パリ郊外の洋館で、世界最古の写真撮影方法ダゲレオタイプでの撮影に没頭していた。助手になったジャンは、ステファンの娘でモデルのマリに惹かれるようになる。撮影のために長時間全身を固定されるマリを気づかい、ジャンは彼女と屋敷の外で暮らすことを望むが……。

終盤で、マリとジャンは結婚しようということになって、教会へ行きます。まず、教会の祭壇の前に立つ二人を見せるショットがあります。二人が話していると画面外から音が聞こえてきて、ジャンは振り返ります。ジャンのこの身振りに合わせて、画面奥の扉から教会内に入ってくるおじさんをとらえたショットに切り替わります。次いで再び最初のショットに戻ると、マリはいなくなっています。寅さんが旅立つときと完全に同じです。

我々はすでに、黒沢清の実験精神を知っています。そうである以上、映画の文法に従ったんだろうと済ませないで、やはりこれも実験の一つだと、受け止めないといけません。天才監督は、理由なしに凡庸な手法に頼ったりはしないのです。

『岸辺の旅』の浅野は、二つのショットで消えました。確かに、映画の文法から外れています。しかし、浅野は、すでに死んだ人物なのですから、そもそも画面内にいるほうがおかしいわけですよね。だから、いつ消えてもいいわけです。おばけなんだから、映画の文法通りに消えなくていい。むしろ、映画の文法に従って消えるほうが異常です。

これに対して『ダゲレオタイプの女』のマリは、**おばけなのに寅さんと同じ消え方をします**。いつ消えてもいいはずなのに、わざわざ映画の文法に従って消えるわけです。

寅さんは、生きた人間にとって規範的な手順で消えます。『岸辺の旅』の浅野忠信も、よく考えてみると、幽霊の本性に従った手順で消えています。しかし、『ダゲレオタイプの女』のマリは、幽霊なのに、どういうわけか、生者の規範に律儀に則って消えるのです。これが本作での実験であると、言えるのではないでしょうか。

浅野と中谷は、過去において夫婦として素晴らしい時間をともに過ごした人々です。それに対して、マリとジャンは、これから夫婦になるという人々です。そうした違いが、人物の消え方の違いを要請しているのかもしれません。

人は消えるけど黒いシミが残る『回路』

『回路』でも、寅さん方式の実験が行われています。

主演の一人、麻生久美子が、友だちと家にいるシーンがあります。友だちの具合がかなり悪そうなので、麻生はコーヒーを飲ませて、どうにか元気づけようとします。

このとき、麻生が前景にいて、後景にお友だちが立っているショットが、まず示されます。麻生は台所でマシンにコーヒーの粉を入れていて、その後ろでお友だちは窓辺に立ち、彼女の背後ではレースのカーテンが揺れています。[*4]

しばらくして、友だちは画面左部の壁の前に移動します。立ち止まると一瞬、友だ

◎回路
2001年／118分
内容：植物販売会社に勤めるミチ（麻生久美子）の同僚が突然、自殺した。それ以降、ミチの身近な人が次々と姿を消していった。同じ頃、大学生の亮介（加藤晴彦）は、パソコンから不気味なメッセージや映像を受け取る。同じ大学の唐沢春江（小雪）に相談するが、彼女もいつしかいなくなった。そうして荒廃する街で、ミチと亮介が偶然出会った。

＊4：揺れるカーテンと一緒にとらえられることで、お友だちは存在性が不安定なものになっています。

ちが黒くなっていきます〈**図版2**〉。その途中で、コーヒーを淹れている麻生を、背後から撮ったショットに切り替わります〈**図版3**〉。そして、麻生が振り返ると、もう一度お友だちを正面からとらえるはずのショットになりますが、もうお友だちはいなくなっていて、壁に黒いシミができています〈**図版4**〉。

これは、寅さん方式と同じ論理に従ったつなぎです。いるショットが、第三項のショットを介して、いないショットに転じる。麻生と我々観客の注意を友だちから逸らす第三項、タコ社長に相当するのは、ここでは、コーヒーを淹れる作業です。問題は、このように寅さんと同じ仕方で消えるにもかかわらず、黒いシミを残すという点です。あたかも、寅さんが去ったあと、団子屋の壁に黒いシミがべっとりと残されるかのようなのです。

一つのショットへのこだわり

『スパイの妻』や『LOFT』では、編集なしに、一つのショットで人物が消えました。人を消すことに限らず、より一般に、一つのショットで何ができるのか。一つのショットには何ができるのか。これもまた、黒沢が取り組んできた大きな問題の一つです。

たとえば、『**勝手にしやがれ!!**』シリーズでは、便利屋の哀川翔と前田耕陽《こうよう》が住む

◎**勝手にしやがれ!!**
「強奪計画」(1995年)
「脱出計画」(1995年)
「黄金計画」(1996年)
「逆転計画」(1996年)
「成金計画」(1996年)
「英雄計画」(1996年)
内容：哀川翔演じる雄次と、前田耕陽演じる耕作の便利屋コンビによるアクションコメディ。オリジナルビデオ作品として制作された。

〈図版2〉前景にいるのが麻生久美子演じるミチ、後景にいるのが友人の順子

〈図版3〉次のショットで、コーヒーを淹れているミチが振り返る

〈図版4〉続くショットでは、順子が消えて壁に黒いシミが現れる

（『回路』黒沢清　2001年）

家は、いくつかの部屋に分かれていますが、壁が全部ぶち抜かれていて、登場人物たちが家の中をどう歩き回ろうが、一つのショットで撮れるようになっています。*5

同じく、大杉漣演じる先生が経営するスナックの店内も複数の区画に分かれていて、登場人物たちの移動が、一つのショットで撮られています。似たような例は、他の作品にもいくつもあります。*6

また、『勝手にしやがれ!!』シリーズでは他の作品でもたびたび用いられる、紙クズを詰めたゴミ袋が各所に散りばめられています。これも、一つのショットで撮るために開発された装置です。

登場人物は、ゴミ袋の山へと思いっきり突き飛ばされたり、ゴミ袋で頭をこれでもかというぐらい殴られたりします。もしハンマーで殴ろうとすれば、本当に殴るわけにはいかないので、カットを割らなければなりません。しかし、ゴミ袋を利用すれば、どんなに激しい暴力でも、一つのショットで撮ることができるわけです。

なぜ一つのショットにこだわるのか。監督本人は、もともとは、経済的な理由によるものだったと、どこかで説明しています。

学生の映画研究会でもハリウッドでも、一日に撮れるショットの数はだいたい同じで、10から15だと黒沢は言っています。したがって、長回しを多用して、作品全体の

*5：これは、溝口健二に近い発想です。溝口は日本家屋の襖や障子を全部開けて、いくつもの空間を一つのショット内に共存させています。

*6：たとえば『回路』の、菅田俊が社長をやっている植物販売会社も、一つのショットで撮れる空間になっています。

ショット数を減らすことができれば、撮影日数も減り、制作費を削減できるわけです。人件費が制作費の大部分を占めているからです。『勝手にしやがれ!!』シリーズもそうですが、黒沢は、90年代半ばまで、低予算のビデオ作品（Vシネマ）をたくさん撮っていました。そのように経済的に課せられた制約を、黒沢は、実験のチャンスに転じてきたわけです。ジャン＝リュック・ゴダールが長編デビュー作『勝手にしやがれ』でオマージュを捧げているモノグラム・ピクチュアズなど、ハリウッド黄金期の低予算B級映画の監督たちと同じです。

特別な出来事が日常的現象となる『CURE』

一つのショットで何ができるのか。人を消すことができる。それ以上に何ができるのか。通常であれば特別な出来事だとされるものを、凡庸な日常的現象として示すこともできます。

『CURE』では、そのような実験が行われています。

固定で長回しのロングショットが、やわらかな陽光に包まれた交番を画面中央に正面からとらえています。入り口付近で、二人の警官が日々のルーティンと思しき作業を行っていると、そのうちの一人が、何の前触れもなしに、静かに拳銃を抜き、作業

◎CURE
1997年／111分
内容：刑事の高部（役所広司）は、同じ手口の殺人事件が相次ぐことに疑問を抱いていた。犯人たちは面識がないのに、いずれも殺した相手を、首から胸にかけてXに切り裂いた。皆、動機もはっきりしない。そんな中、記憶喪失の謎の男（萩原聖人）が、催眠によって事件を引き起こしていることが判明する。

を続けているもう一人を背後から撃ちます。ショット開始時から聞こえている小鳥たちの声が続く中、撃たれた警官は、無口でばさりと倒れ、地面上で動かなくなります。発砲した警官も、その後もいっさい動揺したような様子を見せず、死体を交番内に運び込もうとします。そこでショットは終わります。

このようにして、殺人という通常であれば特別な出来事が、陽光や小鳥の声の持続の下で、交番の日常的光景の中に、警官たちの日々の平凡な作業と完全に連続したものとして示されるわけです。これと同じように殺人を日常性の中に書き込む長回しの固定ロングショットは、『CURE』では、冒頭のホテルでの殺人シーンにも見出せます。

半透明のシートの使い方も変化

先ほど、一つのショットで撮るための装置として、ゴミ袋を挙げました。同じように半透明のシート*7も、一つのショットで撮るための装置として、黒沢映画で頻繁に用いられてきました。

半透明のシートは、一つのショット内での二つの異質な空間の共存を可能にします。画面に対して平行に配置されて、前後に空間をつくります。主たる人物がいる空間と、

＊7：透明のガラスの場合もあります。

それとは異質な空間が、前景と後景につくり出されるわけです。『地獄の警備員』でもそうですが、多くの場合、半透明のシートには、その彼方の空間にいると思しき存在の、おぼろげな像が浮かび上がることになります。前景に身を置く登場人物は、はっきりと見ることのできない、得体の知れない存在と、同一のショットに収まることになるわけです。

さらにまた、シート上に顔らしきものが浮かび上がる『CURE』の場合などがそうですが、登場人物がシートをめくっても、なお、対象が不鮮明にとどまることもあります。『CURE』で役所広司がシートの彼方に見出すのは、目も鼻も口も消された、輪郭だけの顔写真です。

しかし『**クリーピー 偽りの隣人**』では、半透明のシートは、画面に対して平行ではなく、直角に配置されることになります。空間の前後分割も、登場人物と得体の知れない存在との同一画面内での共存も、もはや問題になっていないのです。直角に配置されることで、シートは、ガサガサと揺れる音を鋭く立てるようになり、物理的な存在感と物質性を際立たせることになります。もはや何のために半透明なのかわかりませんよね。新作を撮るたびに実験を行う監督だからこそ、そんな使い間違いのようなこともしてしまうのでしょう。

◎**クリーピー 偽りの隣人**
2016年／130分
内容：元刑事の犯罪心理学者・高倉（西島秀俊）は、妻の康子（竹内結子）と新居へ引っ越した。隣家の西野（香川照之）に時には不信感を抱きながらも、近所付き合いを続ける二人。そんなとき、高倉は元同僚から、6年前に起きた一家失踪事件の調査を依頼される。この間、西野と接した康子に異変が生じるが、高倉は捜査に夢中で、康子の変化に気づかない。

クセを知るには『CURE』がオススメ

黒沢映画1本目としてオススメするのは『CURE』です。この作品で黒沢は、一気に世界中で知られる監督になりました。萩原聖人演じる青年が、出会った人々に、一人ずつ催眠術をかけていくのですが、そのたびに、まず長回しから始まり、次いで、切り返しに転じます。長回しが切り返しに転じるタイミングが、毎回異なるのが、大きな見どころの一つです。

11

アルフレッド・ヒッチコックのクセ
登場人物の知らないことを観客に教えてしまう

ヒッチコックはこんな人

・1899年8月13日生まれ、1980年4月29日没
・イギリス／ロンドン出身
・イエズス会の寄宿学校に入学したのち、海洋技術専門学校に入学。その後、エンジニアとして働くが、1915年頃、仕事のかたわら夜学にてイラストについて学ぶ。この頃、映画や演劇に傾倒。
・ヘンリー電信ケーブル社の広告部門で、広告パンフレットのイラスト制作を行ったのち、無声映画の字幕デザイナーとなる。
・1925年、『快楽の園』で監督デビュー。その後、『暗殺者の家』（34）、『三十九夜』（35）など、サスペンス映画のヒット作を量産。
・1940年、ハリウッドに渡り『レベッカ』を監督。以降、コンスタントに作品を撮り続けた。
・1940年代頃まで、批評家からは娯楽映画の監督とみなされていたが、1950年代にフランスのヌーヴェル・ヴァーグの監督たちが注目したことで、評価が高まる。

ヒッチコックは「登場人物の知らないことを観客に教えてしまう」

今回は、アルフレッド・ヒッチコックのクセについて、考えていきます。ヒッチコックのクセは、**「登場人物の知らないことを、観客に教えてしまう」**ことです。

有名な『**サイコ**』のシャワーシーンから考えてみましょう。このシーンで、ヒッチコックは登場人物の知らないことを、観客にだけ教えています。

半透明のシャワーカーテンの手前に、ジャネット・リーがいます。彼女がシャワーを浴びていると、カーテンの向こうに人影が現れます。人影の存在に、シャワーを浴びているジャネット・リーは気づいていません。知っているのは、我々観客だけです。

別の例も挙げましょう。『**マーニー**』の、ティッピ・ヘドレン演じる主人公の女性が、勤め先の会社で金庫破りをするシーンです**〈図版1〉**。

画面の真ん中に仕切りがあって、右半分の空間の奥には金庫があります。その金庫を、主人公が開けようと頑張っています。左半分には事務所の空間が広がっていて、その奥から手前に、掃除のおばさんがやってきます。観客はどちらの映像も見えてい

◎サイコ
1960年／109分
内容：恋人との結婚資金にしようと、会社の金を盗んだマリオン（ジャネット・リー）。恋人のもとへ向かう途中で、マリオンは人気のないモーテルに宿泊する。そこで出会ったのが、母親と暮らすというモーテルの主、ノーマンだった。

◎マーニー
1964年／130分
内容：マーニー（ティッピ・ヘドレン）には、嘘を重ねて盗みを働く悪癖があった。彼女に惹かれる経営者マークは、原因が過去のトラウマにあることを突き止める。

◎ダイヤルMを廻せ！
1954年／106分
内容：元テニス選手のトニーは、夫婦仲の冷え切ったマーゴを殺し、彼女の資産を奪おうと画策。アリバイをつくり、完全犯罪を目論んだ。

るので、おばさんがそのまま手前に来たら、主人公の金庫破りがばれるんじゃないかとハラハラします。主人公はおばさんが近づいてきているることに、気づいていません。『サイコ』で縦に配置された2空間が、『マーニー』では横に配置されていますが、その効果は同じです。

また、『**ダイヤルMを廻せ！**』でも、まずは起こったことを全部、我々観客は見せられます。殺しの現場を見せられて、犯人がアリバイづくりをする様子も見せられます。観客はことの次第をそのように全部見て知ったあとに、登場人物による真相究明作業に付き合わされることになるのです。

ヒッチコック以前の観客は、登場人物と一緒に物事を発見していく存在でした。しかし、ヒッチコック映画では、観客は、登場人物よりも先に、あるいは、彼らよりも多くのことを知ることになります。

これにより、観客の映画の見方が、大きく変化することになります。

ヒッチコックが導入したこの変化は、現代映画を考えるうえでも、非常に重要です。実際、ヒッチコック映画がフランスのヌーヴェル・ヴァー

〈図版1〉 金庫破りのシーン（『マーニー』アルフレッド・ヒッチコック　1964年）

グの監督たちに評価された理由も、ここにあります。

観客にどんな変化が生じたのか。順を追って考えていきましょう。

観客は映像そのものを見るようになる

僕がヒッチコックのクセだとしているものを、ヒッチコック自身は**「サスペンス」**という言葉で定義しています。

ヒッチコックいわく、「サプライズ」は、「登場人物と一緒に何かを発見してびっくりすること」です。対して「サスペンス」は、「観客は知ってる情報を、登場人物はまだ知らないという状況」です。「サスペンス」という語は、もともと「宙吊り」を意味します。ヒッチコックの言うサスペンスとは、情報の宙吊りのことです。

世界中の映画好きから愛され続けている有名な**『めまい』**では、どのようにサスペンスが組織されているか。

『めまい』は、フランスのミステリー小説（『死者の中から』）が原作です。

主人公のスコティは、作品の前半と後半で二人の女性に惹かれます。前半に登場するのは、マデリンという人妻です。彼女が事故で死に、作品から退場すると、マデリ

◎めまい
1958年／128分
内容：容疑者追跡中に同僚がビルから転落したことから、高所恐怖症になってめまいに襲われるようになった刑事のスコティ。退職すると友人から、妻のマデリ

ンそっくりな、ジュディという女性が出てきて、後半が始まります。

この二人は、実は同一人物です。原作ではこの事実が、作品の最後に明かされます。原作の読者は主人公のスコティさんと一緒に、サプライズとして初めて事実を知るわけですね。ヒッチコックは、これに変更を加えました。スコティがジュディに会ったときに、ジュディとマデリンが同一人物だということを、スコティには内緒にしたまま、観客だけに先に教えてしまうことにしたのです。

観客に用意されたお楽しみは、もはや、スコティさんと一緒に真実を知ってびっくりすることではありません。そうではなくて、マデリンとジュディが同一人物だとスコティが知ったとき、彼はどんな反応をするのかなというのが、サスペンス映画のお楽しみなのです。

ここで重要なのは、**我々観客に、映像そのものを見る余裕ができた**という点です。

もし、我々が登場人物と一体化した存在のままだったら、早く真実が知りたいと焦って、目の前の映像をきちんと見ようとはしないでしょう。見ているつもりであっても、次の映像、そしてまた次の映像と、真実が見つかるまで駆け足状態になって、結局どの映像も見ていません。


ンを調査してほしいと依頼される。友人いわく、妻は先祖の霊に憑りつかれているらしい。尾行を重ねる中、スコティは彼女に惹かれていく。

だけどヒッチコックは観客に、真実を最初から教えてしまう。結末＝真実をすでに知っていることで、早く次の映像を見たいという欲求から、我々は解放されます。観客は、そのときそのときに目の前にある映像を、落ちついてじっくり見られるようになるのです。そのように、一つひとつの映像をしっかり見ることを観客に許す映画が、一般には、「現代映画」と呼ばれています。

「観客」の誕生

ヒッチコックは天才だとかなんだとか言われますが、決定的に重要なポイントは、**「観客」を誕生させた**ことです。

もちろん、それまで映画館に誰もいなかったかというと、そんなことはありません。いままでも観客はいました。しかしヒッチコック以前の観客は、登場人物と一体化して、登場人物が見たり、聞いたりするものを、一緒に見たり、聞いたりする存在でした。ところがヒッチコック映画では、観客は、登場人物から独立した別の主体として、存在しています。観客は、**登場人物とは区別される要素**として、作品の構成に取り込まれたわけです。

もしも我々が事前に情報を与えられず、ティッピ・ヘドレンと一緒におばさんを発見する存在だったなら、我々観客がいなくても、作品は成立しているということになるでしょう。これに対してヒッチコックは、登場人物とは別の要素、別の主体として観客を立てないと成立しない面白さを持った映画を発明したのです。それが「サスペンス映画」です。

ただし、注意しないといけないのは、**全部を教えてくれるわけではない**という点です。たとえば『サイコ』のシャワーシーンの場合、観客は画面の奥に誰かが現れたことは教えられますが、それが誰なのかは、教えられません。正体は、最後まで隠されています。

つまり、情報分配には選別が伴っているわけです。

先ほど挙げた『マーニー』の金庫破りのシーンでも、ヒッチコックは観客にすべてを教えているわけではありません。

ティッピ・ヘドレン演じるマーニーは金庫からお金を取ると、音を立てないようにハイヒールをコートのポケットに入れて、帰ろうとします。だけど途中で、ハイヒールが落ちてしまいます。「あっ！」と思いますよね。だけどおばさんは気がつきません。「あれ、おばさん聞こえへんの？」と観客は驚かされることになります。

これはサプライズです。観客はあたかも、マーニーの知らないすべてのことを知っているかのように思わせられていましたが、実は、そうではなかったわけです。そのために、観客がサスペンスとして生きようとしていた場に、サプライズが突然、到来することになる。しかし、ヒッチコックからすれば、突然起きるからこそのサプライズだろ、ということになるでしょう。

ヒッチコックがとんでもないのは、マーニーが画面外に出たあと、さらなるサプライズを仕掛けるところです。別のおじさんが来て、おばさんに大きい声で話しかけると、おばさんは返事をします。そこで観客は、二重に驚くわけです。「耳が遠いだけやったんかい」と。

サスペンスを中断して割り込んでくるこれら二つのサプライズは、しかし、登場人物と共有されたものではありません。観客だけのために用意されたサプライズです。サスペンスがきっかけとなってつくり出された新たな主体「観客」は、そのように、自分たちだけに向けられたサプライズを享受する主体にもなるわけです。

登場人物も「アクションの人」から「見る人」になる

観客は、常に次の映像を求めるのではなく、いま目の前にある映像を「見る」ようになった。ヒッチコック映画で興味深いのは、観客側のこの変化に伴って、**登場人物の側にも「見る人」が出てくる**という点です。

再び、『めまい』を例に考えてみましょう。

主人公のスコティは、元刑事です。友人から、「妻が不審な行動をするから尾行してほしい」と頼まれます。友人は妻が、先祖の霊に憑りつかれたみたいだと疑っています。そこでスコティは探偵のようなことを始めるわけですが、これ以降、彼は作品前半の終わりまで、基本的には「ただついていてく存在」になります。つまり、見る人です。マデリンがお墓に行ったときにもその様子を遠くから見ているだけだし、美術館に行ったときも、絵を見ているマデリンを、やはり遠くから見ているだけです。

本作ではこの見るという行為が、タイトルにも掲げられている「めまい」というテーマと絡んで展開していきます。

スコティは、マデリンが絵に描かれた女性と同じ首飾りをつけており、髪型も持ち物も同じで、マデリンと絵の中の女性との区別がつかなくなっていきます。マデリンと絵の女性がグルグルと入れ替わり続ける短絡回路の中に、スコティは引きずり込まれてしまうのです。「めまい」とは、まずはこのグルグル回路のことです。

同作では、しかし、もっと普通のめまいも問題になっています。教会にある鐘塔《しょうとう》の階段を上がる途中で、スコティは文字通りめまいに襲われます。そして、そのために彼は、それ以上、階段を上がることができなくなる。要するに、めまいのせいで、行動を中断し、ただ見ることしかできなくなるということです。

見るだけの立場に置かれたために、めまいに巻き込まれるという場合もあるし、めまいに襲われたせいで、見るだけの人になる場合もある。しかし、もちろん、ヒッチコック映画では、見ることは、常にめまいに関係づけられているわけではありません。

たとえば、『**裏窓**』の主人公は、そもそも、見ることが仕事であるカメラマンで、しかも、作品が始まった段階ですでに足を骨折しており、最初からアクションができる状態にありません。そういう人が暇つぶしに向かいのアパートの様子を窓越しに観察することで、お話は進みます。登場人物は、アクションをせずにただ見る人になり、いわば我々観客の代表として作中に送り込まれたかのような存在になるわけです。

ヌーヴェル・ヴァーグとヒッチコックの共通点

登場人物が、見る人になる。これは、ヌーヴェル・ヴァーグへの第一歩です。

◎裏窓
1954年／113分
内容：足を怪我して車いす生活を送るカメラマンのジェフは、窓からアパートの住人の様子を覗き見ることを楽しんでいた。喧嘩する夫婦の間で殺人事件が起きたのではないかと疑ったジェフは、恋人とともに真相を解き明かそうとする。

たとえば、エリック・ロメールの長編第1作『獅子座』では、主人公はお金がなくなり、何もできなくなってパリの街をうろうろさまよい歩きます。これは『めまい』のジェームズ・ステュアートが、キム・ノヴァクのあとをついてサンフランシスコの街中をグルグルさまようのと同じです。

また、ゴダールの『勝手にしやがれ』も、『獅子座』と同様に、お金がなくてにっちもさっちもいかないよという話です。ジャン＝ポール・ベルモンド演じる主人公は死ぬときでさえ、「死ぬ」というアクションが上手にできず、また、そういう自分自身を半ば側《はた》から眺めている観客のようになっています。

ロメールとクロード・シャブロルは、共著でヒッチコック論を書き、トリュフォーはヒッチコックへの長大なインタビュー本を出しました。そうした彼らのヒッチコックへの並ならぬ関心は、彼らの作品にも表れているのです。

映像と音に取り囲まれる『鳥』

『鳥』は、鳥籠に入っていた鳥が外に出て、外にいた人間が鳥籠に入るという仕組みの作品です。*1 籠に入れられて身動きのできない登場人物が、籠の外で大暴れする鳥たちを見る。『鳥』もまた、見る人の映画です。行動する鳥を、人間は見るわけです。

◎鳥
1963年／120分
内容：新聞社の社長令嬢メラニー（ティッピ・ヘドレン）は、ペットショップで出会った弁護士ミッチ（ロッド・テイラー）のために、鳥を購入した。彼が過ごす街に向かい、鳥を渡したメラニー。このとき、1匹のカモメが彼女を襲ったことをきっかけに、大量の鳥が街を襲い始める。

＊1：作品の冒頭のペットショップのシーンでは、鳥は鳥籠に入った状態で登場します。

後半の、街が鳥に襲われるシーンに注目しましょう。

ティッピ・ヘドレン演じるメラニーは鳥の襲撃から身を守るため、電話ボックスの中に一人で入ります。[*2] 電話ボックスは全面ガラス張りなので、メラニーにとって、360度スクリーンのように機能することになります**〈図版2〉**。カメラも、メラニーと一緒に、電話ボックスの中に入ります。そのため、我々観客のいる映画館のスクリーン自体が、いわば全方位スクリーンとなり、そこにあらゆる方向からの鳥の襲撃が映し出されることになります。

『鳥』には、映像だけでなく、**音の全方位システム**もあります。

メラニーとロッド・テイラー演じるミッチの家族は、鳥の襲撃を防ぐため、家のすべてのドアや窓を閉め切って、カンカンカンと板を打ち付けます。家は窓も扉もない、密室のようになります。その中にメラニーたちが閉じこもって静かにしていると、鳥の大群がやってくる音が聞こえてきます。

家全体が、360度サラウンド・システムと化し、さらに、その内部で音が反響し、エコーチェンバーのようにもなる。登場人物は、音を全身で浴びる人になり、我々観客も、彼らを通じて、同じ体験をする。映画館全体がエコーチェンバーになるわけです。[*3]

＊2：車が籠として機能するシーンもあります。このときも、登場人物は映像と音に囲まれます。

＊3：同じようなことは、その後、メラニーが屋根裏部屋に閉じ込められるときにも起きます。

〈図版2〉電話ボックス内で鳥の襲撃を受けるメラニー（『鳥』アルフレッド・ヒッチコック　1963年）

〈図版3〉ジャングルジムに群がるカラス（『鳥』アルフレッド・ヒッチコック　1963年）

「知性」が動員されることも重要

ヒッチコックは、登場人物の知らない情報を観客だけに教えてしまうという話をしました。そのことによって観客にも、作品づくりに積極的に参加させるという話です。ただ、ここで注意すべきは、ヒッチコックが観客に情報を与える際、その情報を観客が特定の仕方で処理または解釈することが前提とされている点です。

『鳥』には、たとえば、ジャングルジムにカラスが、1羽から始まって、その後どんどん集まってくるというシーンがあります〈**図版3**〉。観客は、その過程に、日常からの逸脱、異常な状態への傾斜を見てとることが期待されており、実際、その期待に応えます。

ヒッチコックが観客に求めているのは、人間であれば誰でも持っているはずの**一般的な知性の発動**です。*4 そうした一般知性こそが、ジャングルジムのカラスたちの映像を、異常と解釈するわけです。

オランダを舞台にした『**海外特派員**』でも、主人公が不審な人物を追うシーンで、複数の風車のうちで一台だけが逆向きに回っているという映像を、我々観客は見せられて、「あそこが怪しいぞ」と、主人公に伝えたい気持ちでいっぱいになります。

また、『**北北西に進路を取れ**』では、砂漠のような広々した風景の中、畑がないところに除草剤散布の飛行機が飛んでいることに、観客は気づかされることになります。*5

＊4：知性は歴史的に限定されたもので、場合によっては地理的にも限定されています。それを示すのが、フーコーが『言葉と物』の冒頭で挙げた、ボルヘスのテキストです。ボルヘスいわく、昔の中国の辞典は西洋近代の人間からすると、めちゃくちゃな分類になっている。でもそれは、昔の中国の人々にとってはおかしいものではなかったわけです。

◎**海外特派員**
1940年／120分
内容：戦争の危機が迫るヨーロッパに、米国から新聞記者が訪れた。目的は、戦争回避の鍵を握る政治家への取材。しかし政治家は、何者かに殺されてしまった。記者は犯人を追跡し、国際的な陰謀を知ることになる。

◎**北北西に進路を取れ**
1959年／137分
内容：広告会社に勤めるロ

そんなところ飛ばないよねと、知性をはたらかせることが、ここでも、求められるわけです。

ヒッチコック映画は、観客を作品内に構成要素として取り込みますが、まさに、それゆえに観客は、一般知性を持った存在、要するに、「人間」であることが求められるのです。これと対照的な例として、『トムとジェリー』を挙げておきましょう。『トムとジェリー』は、人間でなくても楽しめます。実際、猫に見せると、じっと画面を見ています。伸び縮みする運動や、高速で縦横無尽に移動する運動に、文字通り「理屈抜き」に魅了されるのでしょう。

しかし、ヒッチコック作品は、ニャン助が見ても、たぶん面白がれないでしょう。少なくとも、ヒッチコックが期待しているようには面白がれない。砂漠に農薬が撒かれていても不思議には思わないでしょうし、むしろ、画面上の小さな飛行機の移動に、純粋に惹きつけられるのではないでしょうか。

ヒッチコックの限界

知性の動員が前提になっていることは、したがってある意味でヒッチコック映画の

ジャーは、犯罪者集団からスパイだと勘違いされ、命を狙われてしまう。一命をとりとめたものの殺人犯に仕立てられ、逃亡を余儀なくされたロジャーは、身の潔白を証明するため、ロスパイの正体を探り始めた。

＊5：このとき、主人公のロジャーは立って見ているだけです。

限界です。なにしろ、猫が観客では、機能しない映画なわけですから。

同じ限界は、ドイツの監督**ヴェルナー・ヘルツォーク**の映画にも当てはまります。ヘルツォークは、『フィッカラルド』や『アギーレ／神の怒り』などが有名です。『フィツカラルド』は、南米の奥地にオペラ座を建てようとするお話です。主人公はオペラ座建設の資金集めのためにジャングルを開拓して、農園をつくろうとします。

その過程で、巨大な船を陸に上げ、山越えをさせることになります。巨大な客船がジャングルの山の斜面を強力に引き上げられる。そうした事態に驚き、面白がれるのは、人間の一般知性だけです。猫からしたら、別にええんとちゃうということでしかないでしょう。

ジャングルに大型客船というように、ヘルツォークは、均質的な光景の中に異物を紛れ込ませます。『アギーレ』も同じです。16世紀のスペインの探検隊が、南米の奥地にあると伝わる黄金郷に向かおうとする。探検が進むにつれて、画面内に猿が増殖していきますが、それらの猿は、探検の均質的な光景に紛れ込んでくる異物です。船でも猿でも、それを画面上の異物として認識できるのは、人間の知性なのです。

スピルバーグとヒッチコックの違い

猫でも面白がれる映画のさらなる例として、スピルバーグ映画を挙げておきます。スピルバーグは、同じものの反復を問題にしている監督です。彼が興味を持っているのは、同じものの大量さです。

ものが大量にあることの驚きは、おそらく猫にも通じます。ピロリロリという音が何度も何度も反復される。電光パネルが、パッパッパッパッパと高速で明滅を繰り返す。その凄まじさに圧倒されるのに、知性は必要ありません。

言い換えると、スピルバーグは観客に、人間であることを求めていないということです。人間であることを求めていたら、『ペンタゴン・ペーパーズ／最高機密文書』の最後のように、大量の新聞を刷る様子をわざわざ見せたりしないでしょう。ものの量の多さでびっくりさせたいのであって、真実の暴露といった知的な出来事は、そのための口実のようなものに過ぎないのです。スピルバーグはヒッチコックの限界を超えているわけです。

クセを知るには『知りすぎていた男』がオススメ

今回ヒッチコック諸作を見直して気づいたのですが、ジェームズ・ステュアート主演の『**知りすぎていた男**』は、とてもよくできた作品です。

◎**知りすぎていた男**
1956年／120分
内容：アメリカ人医師ベンは、妻のジョーと息子のハンクを伴い、休暇にモロッコを訪れた。道中で貿易商を名乗るベルナールと知り合うが、彼は一家が市場を観光しているとき、何者かに殺されてしまう。死ぬ間際のベルナールから謎のメッセージを受け取り、要人の暗殺阻止をたくされたベン。しかし彼の口を封じるため、暗殺グループはハンクを誘拐する。1934年にイギリスで発表した『暗殺者の家』を、米国でセルフリメイクした作品。

同作の主人公は、出来事に対してずっと観客の位置にとどまります。息子をさらわれたことがきっかけで、要人暗殺計画の遂行を観察する立場に置かれることになります。

しかも主人公は、知性を用いて解釈する役割を担わせられることにもなる。

作品冒頭で主人公は、旅行先のホテルでたまたま出会った男から、「要人が殺される」というメッセージと、「アンブローズ・チャペル」という謎のフレーズを告げられます。主人公は、アンブローズ・チャペルという名前の人に会えという意味だと解釈します。ここで重要なのは、主人公と一緒に我々観客も、同じフレーズを聞かされており、我々は我々で、主人公と共有しているはずの同じ知性を用いて、そのフレーズを解釈することになるという点です。

観客の多くは、「アンブローズ・チャペル」は人名ではなく、教会の名前ではないかと思うはずです。同じ知性を共有していても、異なる解釈になることがあり、どちらかが正しく、どちらかが間違っている。しかし、そうしたエラーも、人間の知性によくあることとして、作品の面白さの一部をなしているのです。

情報の解釈は、ドリス・デイ演じる母が大使館のパーティで、『ケ・セラ・セラ』を歌うシーンでも問題になっています。大使館のどこかには、さらわれた息子がいることがわかっています。その息子に向かってドリス・デイはピアノを演奏しながら歌うわけです。

このシーンはもちろん、いい曲だねというレベルでも楽しめますが、我々観客は子どもに対する合図だと知っています。歌は、我々観客にとって、感性に与えられる美的な刺激であると同時に、知性に与えられる情報でもあるわけです。そういう二重化が、観客と登場人物の身に同時に起きている。ヒッチコックのクセをいろいろなかたちで知るのに、うってつけの作品だと言えるでしょう。

もちろん『めまい』でもいいのですが、それだとありきたりな「オススメ」なので、『知りすぎていた男』もぜひ見てみてください。

12

エリック・ロメールのクセ
平凡な世界に特別な出来事を到来させる

エリック・ロメールはこんな人

・1920 年 3 月 20 日生まれ、2010 年 1 月 11 日没
・フランス出身
・パリで教師やジャーナリストとして働く。1946 年には小説を執筆。
・1940 年代後半から、映画批評を執筆。この頃、ジャン＝リュック・ゴダールやジャック・リヴェット、フランスワ・トリュフォーらと知り合う。
・映画雑誌の編集に関わったのち、1951 年、映画雑誌「カイエ・デュ・シネマ」に参加。ゴダールらとともに、同誌で批評家として活動。
・1959 年、クロード・シャブロルの資金援助により、『獅子座』で長編映画デビュー（公開は 1962 年）。
・主に、恋愛を中心とした人間ドラマを撮影。
・作品は、ヨーロッパの主要な映画祭で高く評価された。『コレクションする女』（66）は、ベルリン国際映画祭の銀熊賞を受賞。『海辺のポーリーヌ』（83）で、2 度目の銀熊賞受賞を果たした。『緑の光線』（86）ではヴェネチア国際映画祭の金獅子賞を受賞。

ロメールのクセは「平凡な世界に特別な出来事を到来させる」こと

今回は、エリック・ロメールのクセについて、考えていきます。
エリック・ロメールのクセは、**「平凡な世界に、特別な出来事を到来させる」**ことです。どんな現象もびっくりすることのない、普通でしかあり得ない世界で、どうやったらびっくりする出来事を到来させられるか。ロメールがよく撮った恋愛劇に合わせた言い方をすると、どいつもこいつも凡庸な人間しかいない中で、どうやって特別な一人を見つけるのか、ということです。1950年代末から2000年代まで、ロメールはこの問題に取り組み続けました。

ロメールは主に、シリーズ単位で作品をつくってきました。最初は「六つの教訓話」(1960~1970年代)、次が「喜劇と格言劇」(1980年代)、最後が「四季の物語」(1990年代)です(これらに属さない作品もあります)。

ロメールのクセをつかむためには、「六つの教訓話」と「喜劇と格言劇」シリーズを比べるのが一番の早道です。彼が繰り返し問題にした「平凡な世界」とは何か、「特別な出来事を到来させる」とはどういうことかを、両シリーズの比較を通じて、説明してみたいと思います。

複製だらけの「喜劇と格言劇」シリーズ

まずは、「喜劇と格言劇」シリーズの6作目『**友だちの恋人**』を取り上げて、平凡な世界とは何かを考えてみたいと思います。

「平凡」とは、どんなものとも変わらない、ということですよね。Aの代わりにBでもいい。Bの代わりにCでもいい。どれとどれでもいつでも交換できる。そのような**交換可能なものに満ち溢れた世界**が、平凡な世界です。『友だちの恋人』はそのような平凡な世界、あるいは、世界の平凡さを描いた作品です。

お話は簡単に言えば、友だちの恋人が自分の恋人になって、自分の好きだった男子が、友だちの彼氏になるというものです。ヒロインの一人、ブランシュは、「友だちの恋人は好きになれない」と何度も口にしますが、結局はその男性を好きになります。もう一人のヒロイン、レアも似たようなことを言いつつ、ブランシュが好きだった人を好きになる。つまり二人のヒロインは、いわば、恋人を交換するわけです。逆に言えば、恋人や好きな人は、交換できるものだということです。

服装にも、交換可能性が見出せます。80年代は、シンプルな服装が流行った時代でした。ロメールはこの流行を利用して、登場人物の誰にも個性のある服を着せません。緑、青、赤、黄、白など、単色の服ばかり着ています[*1]。上は緑色のシャツ、下は白い

◎友だちの恋人
1987年／103分
内容：市役所勤めのブランシュは、偶然出会った学生レアと親しくなる。レアには恋人のファビアンがいるが、喧嘩と仲直りを繰り返してばかり。ブランシュはファビアンの友人アレクサンドルに惹かれるが、引っ込み思案でチャンスを逃し続けてしまう。一方で、ブランシュはレアの恋人ファビアンとは親しくなり……。

＊1：芸術を学ぶ学生がブランシュの着るドレスについて、「イヴ・クラインみたいで素敵だね」と言っています。イヴ・クラインは、青をベタ塗りしたような作品を数多くつくったアーティストです。

ズボンという感じで、細かな装飾のあるような服は誰も着ていません。『友だちの恋人』の最後では、主要人物の四人は緑の服か青の服を着ています。緑の女性が青の男性と結びつき、緑の男性が青の女性と結びついて作品は終わります**〈図版1〉**。青どうし、緑どうしの二つの組み合わせから、どちらも青+緑の二つの組み合わせに変化する。このようにして、恋愛は、たんなる色の組み合わせの問題として示されるわけです。

二人のヒロインも含めて、登場人物は、無数の青、無数の緑のうちの一つでしかなく、個性もオリジナリティもない。同じようなことは、彼らを取り巻いている環境についても言えます。

ブランシュが住むのは、セルジ・ポントワーズという地区です。70年代にパリの郊外（パリからはかなり離れています）に造られた人工的な街で、「新都市」と呼ばれたりもします。

作中で宮殿のようだと言われていることからもわかる通り、何かの歴史建造物に似せて造られた街です。つまり、街全体が、オリジナルではなく、何かのコピーでしかないのです。そういう凡庸な複製が、

〈図版1〉 主要人物が集まる最後のシーン。両端の二人は緑、真ん中の二人は青い服を着ている（『友だちの恋人』エリック・ロメール　1987年）

作品の舞台になっているわけです。

また、セルジ・ポントワーズの近くにある人工湖でのシーンにも、何かのコピー、コピーであるがゆえの交換可能性といった同じ問題を見出せます。湖のほとりでブランシュと、レアの恋人であるファビアンが話している様子をとらえたあと、同地で過ごしているみなさんを、カメラはスナップショットのように撮っていきます。お弁当を食べている人や、寝そべっている人、本を読んでいる人など、いかにもその場にいそうな人たちが、ポンポンポンと、カタログ式に見せられる。*2 典型的な振る舞いをしている誰でもいい人たちが、何万枚も印刷されていそうな絵葉書のような仕方で、示されるわけです。

劇中の**絵画**にも、コピーの問題は見られます。

「喜劇と格言劇」シリーズには、カラオケボックスにありそうな絵の複製が、よく出てきます。『満月の夜』のモンドリアン、『海辺のポーリーヌ』のマティスなどです。『海辺のポーリーヌ』にいたっては、登場人物のポーリーヌ自身も、そう気づくことなく、マティスの絵を模倣した姿勢で画面に収まってしまうということすら起きます。つまり、ポーリーヌも、世界中に溢れ返るマティスの絵の複製の一つになってしまうということです。

*2：『緑の光線』の前半にも、同じようなシーンがあります。主人公のデルフィーヌは、昼休みの時間にパリのガリエラ宮の庭で、友だちと会います。庭には、いかにも仕事の合間に来たという人たちが、休み時間を過ごしており、それが、やはり、スナップショット風にポンポンポンと示されます。

ここでも、もちろん、ロメールの関心は、絵画それ自体の力といったことには、まったくありません。ロメール自身、モンドリアンもマティスも嫌いだと、どこかではっきり言っています。モンドリアンやマティスへの関心は、それらの複製が世界中に蔓延《はびこ》っているという社会的な現実にあるのです。

平凡＝俗物しかいない世界

平凡な人は、一般には、**「俗物」**と呼ばれます。筒井康隆の小説に『俗物図鑑』というものがありますが、ロメール映画も、一種の「俗物図鑑」です。

『緑の光線』序盤のガリエラ宮・パリ市モード博物館のシーンを取り上げましょう。主人公のデルフィーヌは友人に、「夏休みが近づいているのに、彼氏に振られてどうしたらいいかわからない」と嘆きます。周囲からはとにかく相手を探せと言われるけど、もう無理だとデルフィーヌは言う。

すると友人は、博物館の庭に置いてある大きな男性彫像を指して、「ちょっと汚らしいけど、でも素敵でしょ」(Il est un peu sale, mais, bon, il est magnifique) と言います。

これはとても示唆的な言葉です。俗物だけど、でも素晴らしいと言っているのです。デルフィーヌが獲得すべきは、まさにこの「でも素晴らしい」という肯定です。

◎緑の光線
1986年／93分
内容：パリで秘書をしているデルフィーヌの職場へ、女友だちから電話がきた。ヴァカンスへ一緒に行く約束をしていたけど、キャンセルしてほしいと言う。突然の話に困惑するデルフィーヌ。別の女友だちに誘われてシェルブールへ行くが、ヴァカンスを堪能できない。友人と別れて一人であちこち回っていると、緑の光線という、幸運を表す自然現象の存在を知る。

ロメールの長編第1作『**獅子座**』でも、「汚らわしさ」(saleté)は重要なキーワードです。同作で薄汚れているとされるのは、パリです。主人公は、パリで中途半端に生きている作曲家の男です。莫大な遺産が入ってくることになったため、男は有り金をすべて使ってしまう。だけど結局、遺産は別の人間に渡ることになったので、男は困窮します。アパートからも追い出されて、最終的には路上生活になる。カフェにいる人々や、セーヌ河畔でくつろいでいる人々、道を往来する人々などを、その外側から眺めるだけの立場に転じた主人公には、観光客も含め、そうした人々全員が俗物に見えてくる。それを彼は、「パリの汚らわしさ」と呼ぶのです。

◎獅子座
1959年/104分
内容:伯母の遺産が手に入ると知った自称作曲家ピエールは、有り金をはたいて友人たちとパーティーを開く。だが、友人たちがヴァカンスに出かけている間に、遺産は従兄に渡ることを知ってしまう。住まいを追われ、ついには一文無しになるピエール。暴力をふるわれ散々な目に遭っていたところを、一人のホームレスに救われる。

「六つの教訓話」と「喜劇と格言劇」の違い

ただし、『獅子座』には「喜劇と格言劇」シリーズ諸作と大きく異なる点もあります。『獅子座』の最後で、男はやはり遺産がもらえることになります。相続人が急死したからです。その途端、主人公は、彼が見たパリの「汚らわしさ」をすっかり忘れてしまいます。つまり、汚らわしいパリは、一時的に立ち上がった一種の実験空間の中でだけ問われる問題として位置づけられているということです。

同作が撮られた1950年代後半には、現実の社会ではまだ、人やものは、どれもが他のものと置き換えがたい、特別な価値を持っていると思われていました。それゆえに、ロメールは、平凡な世界、俗物の世界を問題にするために、そうした世界を人工的につくり出さなければならなかったわけです。

これと同じことは、続く「六つの教訓話」シリーズについても言えます。

1960~1970年代もなお、一つひとつのものが特別で、交換できない価値を持っていると信じられていました。

そのため、平凡な世界に関心があるロメールは、「六つの教訓話」シリーズで、映画の空間を現実社会から切り離します。現実社会からそのように独立した人工的な映画空間に、あらゆるものが等価で、すべてが平凡な世界を仮構するわけです。

これが、80年代の「喜劇と格言劇」シリーズで変化します。80年代には、現実の社会でも、すべてのものは価値が同じで平凡で、何かのコピーで、いつでも相互に交換可能であると考えられるようになります（世に言う「ポストモダン」社会の到来です）。現実社会が、ロメールのつくった人工的な空間と同じになった、あるいは、追いついたわけです。重要なのは、これによって、平凡な世界に特別な出来事を到来させるというロメールの問題が、現実社会の問題、現実社会で生きている人々の誰にでも関わる問題になったという点です。

平凡な世界で特別な出来事を到来させる方法

では、平凡な世界で特別な出来事を到来させるには、具体的にどうすればいいのでしょうか。

まずは、実験室時代の作品、「六つの教訓話」シリーズの『**クレールの膝**』から見てみましょう。

同作では、ジャン＝クロード・ブリアリ演じるジェロームというおじさんが、高校生のクレールの膝を触ろうとします。

なんだそれという物語ですが、ジェロームにとってクレールの膝を触ることとは、まさに、特別な出来事です。とはいえ、ここがすでに核心なのですが、「なんだそれ」といった印象は、間違ったものではまったくありません。実際、クレールの膝に触ることは、それ自体としては特別なことでも何でもないのです。その証拠に、クレールのボーイフレンドは、やたらめったらクレールの膝に触っています。ジェロームは、ボーイフレンドがクレールの膝にべたべた触っているのをたまたま見かけて、いわば、クレールの膝に触るということを、**数多の凡庸な現象からピックアップし、それを自分にとっての特別な出来事だと決める**のです。

世界のすべての現象は凡庸で、それとして心を揺さぶるものなど何一つない。そ

◎クレールの膝
1970年／106分
内容：結婚を間近に控えたジェロームは、アヌシーの別荘を訪れた。偶然出会った友人の女性作家オーロラから、滞在先の家主を紹介される。家主には、二人の若い娘がいた。オーロラの勧めもあり、ジェロームは妹のローラと親密になるが、深い関係にはならなかった。その後、姉のクレールが現れると、ジェロームは彼女の膝が気になって仕方がなくなってしまう。

うした凡庸な現象の中から、任意に一つの現象を選び、それを自分にとっての特別な現象だと決める。そのうえで、問題の現象の到来を待つ。これがロメールにとって、凡庸なものに満ちた世界の中で、非凡なものを到来させる唯一の方法です。

鼻くそのような『緑の光線』

『緑の光線』でも、主人公のデルフィーヌは、緑の光線を見ることを、自分にとって特別な出来事だと決めます。

緑の光線とは、日没の瞬間に条件が整えば見える、緑色の太陽の光のことです。旅先でイギリス人観光客と思しき集団の話をたまたま耳にし、デルフィーヌはこのことを知ります。

勘違いしてはいけないのは、緑の光線自体は特別なものでも何でもない、という点です。

イギリス人集団の中のおじさんは、「自分は5、6回見ている」と、すまし顔で言います**〈図版2〉**。一人の人がそれだけ見ているのですから、びっくりするような出来事ではないわけです。少しは稀な現象かもし

〈図版2〉 緑の光線について話す人々。背後の坂の下でデルフィーヌが会話を聞いている（『緑の光線』エリック・ロメール　1986年）

れないけど、茶柱が立ったとか、箸が転がったとか、そういうことと同程度で、ただの自然現象です。

デルフィーヌが緑の光線を特別な出来事だと決めるのは、駅で出会った男性と、海辺で散歩をしているときです。売店に「緑の光線」（RAYON VERT）と緑色で書かれているのを見つけると、その男性と一緒に緑の光線を見ることができるか、デルフィーヌは試すことを決意します。そして実際に、緑の光線を目撃するわけです。

注意すべきは、このとき出現する緑の光線が、見た目のうえでも、まったく特別なものとして示されないという点です。ロメールは緑の光線ができるだけ大したものに見えないよう、見た目を工夫しています。画面の中央に青虫みたいなものがひょっこり顔を出すというか、スクリーン上に鼻くそが飛んでしまったというか、いずれにせよ、たんなる緑色の点のようなものが、太陽が沈む瞬間の映像に、ポンと打たれている。ありがたさのかけらもないわけです。

1980年代初頭の映像加工技術が、未熟だったわけではありません。ロメール自身が、まあ適当にやりましたと言っているくらいですから、狙ってそうしています。

僕が初めて『緑の光線』を見たのは、大学に入った1990年で、授業中にVHSで見たのですが、授業後に同級生たちと、緑の光線が見えたかどうか、すごい論争になりました。VHSの画質だと、緑の光線がはっきり見えなかったんです。いま話したような鼻くそ玉は、ＤＶＤになって初めて確認できるようになりました。

見えたか見えないかで論争になったのは、いまにして思えば、とても不幸なことでした。緑の光線を、神様の公現のような、ありがたいものとして受け取ってしまいかねないからです。本当はきちんと見えて、見た目のうえでも、薄汚れたものであることが確認されなければいけません。重要なのは、どうでもいいものがそれでもありがたいものとして経験されるということなのですから。

『緑の光線』を最後まで見て、デルフィーヌはぴったりの男性と出会えてよかったね、と思う人もいるかもしれません。しかし、本当にそうでしょうか。なんなら、その前にデルフィーヌをいたわってくれようとした男性のほうが、よかったのではないでしょうか。[*3]

いたわってくれようとした男性が俗物であるのと同じように、最後に現れた男性も俗物でしかありません。それでも彼が、デルフィーヌにとって白馬に乗った王子様となるのは、緑の光線というどうでもいい現象を、自分にとって特別な出来事だと決め、その到来を経験するときに、そこに居合わせたのが彼だからです。そのようにして、無数の鼻くそから、一つの鼻くそが、白馬に乗った王子様として選出されるのです。

＊３：デルフィーヌが海辺で出会ったスウェーデン人女性と一緒にいると、男性二人組が話しかけてきます。そのうちの一人とスウェーデン人女性が盛り上がる中、デルフィーヌは耐えきれなくなって席から駆け出します。そのあとを追ってきてくれるもう一人の男性のことです。

「喜劇と格言劇」は特別な出来事が人生と関わっている

『クレールの膝』と『緑の光線』とには、しかしながら、決定的な違いがあります。前者の場合は、純粋な実験ですが、後者の場合は、**登場人物の人生**に関わっています。両作とも、夏休みの始まりが作品の始まりで、夏休みの終わりが作品の終わりですが、『クレールの膝』のジェロームが、夏休みの体験を通常の人生に持ち帰らないのに対して、『緑の光線』のデルフィーヌは、その後も続くはずの平凡な世界で生きていくための術を身につけて夏休みを終わらせるのです。

作品内での経験が、人生に関わるのかどうか。これが、「六つの教訓話」と「喜劇と格言劇」の最大の違いです。

無数の凡庸な現象から、何が自分にとっての特別な出来事かを決めるという行為は、ジェロームの場合も、デルフィーヌの場合も、それを名指す、名指すことで周囲にもそれを宣言するといった仕方で行われています。到来すべきことを言葉にする。これがわかりやすく表れているのが、「喜劇と格言劇」シリーズ第2作の『**美しき結婚**』です。

同作では主人公の女性が、相手も見つかっていないうちから「結婚する」と宣言します。到来すべき出来事が、名指されるのです。

『クレールの膝』や『緑の光線』と異なるのは、『美しき結婚』の場合、宣言したこ

◎美しき結婚
1981年／101分
内容：美術史を学ぶサビーヌは、妻子を持つ画家と不倫関係にあった。画家に嫌気が差したサビーヌは、彼の前で他の誰かと結婚すると宣言し、関係を清算する。やがて、友人の従弟エドモンとの結婚を考えるようになるが、当人とはすれ違いばかりでなかなか話すことができず……。

とが到来しないという点です。結婚すると決めて、よさそうな人（とても感じのいいアンドレ・デュソリエという俳優が演じています）も見つけて結婚の到来を待ちますが、結局、到来しない。言われたことは、このように、起きない場合もあるのです。

『満月の夜』では出来事が他人に到来する

「喜劇と格言劇」シリーズ第4作『**満月の夜**』では、自分の言ったことが他人の身に起きるという新たな事態が描かれます。

パスカル・オジェ演じる主人公ルイーズは、パリの郊外で彼氏のレミと同棲しています。レミとの生活に息苦しさを感じたルイーズは、職場のあるパリに自分だけの部屋を持つことを決めて、「あなたより好きな人ができたら、こそこそせずにはっきり打ち明けて、お別れします」と、レミに宣言します。自分の身に到来すべきことを、言葉にするわけです。

しかし、重要なのは、そのときに、おまけのように「あなたにも私より好きな人ができるかもしれないわよ」と言い添えるという点です。

〈図版3〉好きな人ができたとルイーズに打ち明けるレミ（『満月の夜』エリック・ロメール 1984年）

自分の話をするために、バランスとして言ったのでしょう。最終的に何が起こるか。ルイーズには好きな人ができずに、レミのほうに好きな人ができるのです。つまり、自分が言った通りのことが、自分ではなく相手のほうに起きたということです〈**図版3**〉。

加えて重要なのは、ルイーズが、レミにも好きな人ができるかもしれないと言うとき、そんなことは起きないだろうと、高をくくったかのように言っていることです。到来すべき出来事を名指す言葉の強さが、ここにはありません。そのため、その出来事を「待つ」ということも、少なくとも画面内では行われません。いわば、天にとどまるだけのものだと思っていた言葉が、突然、天から降ってきて、地上で受肉してしまうかのようなのです。

『満月の夜』は、したがって、二つの大きな点でこれまでに見てきた作品とは異なります。第一に、自分の言ったことが他人に到来する。第二に、何気なく言われたことが、出来事として実現してしまう。後者については、**言葉も平凡になった**と言えるかもしれません。

『レネットとミラベル／四つの冒険』で他人に出来事を設定される

他人の言ったことが自分の身に起きる。これは、『**レネットとミラベル／四つの冒**

◎満月の夜
1984年／101分
内容：パリのインテリアデザイナーのルイーズは、郊外で建築家のレミと同棲中だが、気晴らしのためにパリ中心部に部屋を持った。男友だちと遊んで自由を謳歌していたが、次第にレミのことが気になり、生活に区切りをつけると決心する。

険』[*4]にも当てはまります。

タイトルが示す通り、四つのエピソードからなる作品です。一つ目のエピソードは、「青の時間」というタイトルです。

レネットが暮らす田舎の村に、パリの大学生ミラベルが立ち寄るところから、同エピソードは始まります。サイクリング中にパンクした自転車のタイヤをレネットに修理してもらったことがきっかけで、ミラベルは彼女の家に泊まることになります。

レネットはミラベルに、「青の時間ってものがあるんだよ」と教えます。お前にその青の時間を経験させてやると、ドヤ顔で言うわけです**〈図版4〉**。

青の時間とは、夜行性の生き物が眠りにつく瞬間と、昼行性の生き物が目を覚ます瞬間の間の3秒ぐらいの、完全な静寂の時間のことです。緑の光線と同じように、多少は珍しいかもしれないけど、日々繰り返されているたんなる自然現象に過ぎません。レネットは、そのような凡庸な現象を、ミラベルにとっての特別な出来事として指定するわけです。

あまり乗り気ではないミラベルは、レネットに叩き起こされて、彼女と一緒に、外で青の時間を待つことになります。しかし、いざその瞬間が到来するというときに、近くを車が通り、静寂の実現が妨げられてしまいます。レネットは憤慨し、なにがなんでもミラベルの身に出来事を到来させるべく、次の日に再チャレンジするというこ

◎レネットとミラベル／四つの冒険
1986年／99分
内容：田舎で絵を描くレネットと都会暮らしのミラベル。偶然出会った対照的な二人による、パリでの共同生活の物語。「青の時間」「カフェのボーイ」「物乞い、万引、ペテン師」「絵の販売」の四つのオムニバスからなる。

＊4：タイトルに二人の名前が入っていることからも、同作での特別な出来事の生産に複数人が関わることが示されています。

とになります。ところが、どういうわけだか、レネットは翌日、夕方ぐらいからダンスに夢中になって、青の時間への関心をすっかり失ってしまいます。ミラベルがもう寝なきゃと言っても、もう少しと言って踊り続ける（笑）。結局、レネットは起きられず、ミラベルは一人で青の時間の到来を待つことになります。レネットはあとから合流して、青の時間を一緒に体験します。

ここで大事なのは、2日目のミラベルの変化です。レネットが青の時間への興味を失うにつれて、**ミラベルは、レネットの言葉を自分のものにしていく。**ミラベルは、自分にとっての特別な出来事として、青の時間を自ら引き受けるのです。

『満月の夜』のレミの場合も、ルイーズの言ったことが、彼女の関知しないところで、レミに到来しました。ただし、これは、ルイーズの言葉をレミが自分のものにすることなく起きました。そこに、ミラベルの場合との決定的な違いがあります。2日目のミラベルは、耳にしたり目にしたりした「緑の光線」という言葉を自分のものにして、その語の名指す現象の到来を待った『緑の光線』のデルフィーヌに合流するのです。

〈図版4〉ミラベルに、「青の時間」について話すレネット（『レネットとミラベル／四つの冒険』エリック・ロメール　1989年）

第2話の「カフェのボーイ」も、見ておきましょう。

第2話でレネットは、ドヤ顔ができる田舎ではなく、完全なアウェイ、まったく自分の支配の及ばないパリに身を置いています。ゲテという地下鉄の駅のそばのカフェが、第2話の舞台です。

ここでは、カフェのギャルソン（ボーイ）がドヤ顔をしています。コーヒーを注文したレネットに対し、ギャルソンは「4フラン60」と答えます。レネットは200フラン札を出して払おうとしますが、ギャルソンは「そんなでかい金はだめだ、小銭で払え」と突っぱねる。レネットが小銭がないと答えると、ギャルソンは彼女に、「お前は食い逃げをするつもりに違いない」と言います。そのようにして、ギャルソンは、レネットの身に到来すべき出来事を名指すわけです。そして、その言葉通りのことが起きます。待ち合わせていたミラベルが現れて、あのギャルソンはおかしいから早く行こうと言われ、レネットは、支払わずに立ち去ることになるのです。

レネットはギャルソンから、お前の出来事はこれだと決めつけられました。他人に勝手に設定された出来事が、自分の身に起こる。これは一種耐えがたいことです。なにがなんでも、起きなかったことにしなくてはいけない。そこでレネットは翌日、小銭で代金を払いに行きます（それで起きなかったことになったかどうかはわかりませんが）。

映像を解釈する言葉の強引さ

言われたことが現実に起きるかどうかという問題は、言葉と映像の関係の問題だと、とらえることもできるでしょう。**言葉が映像になるか**ということが、問われているからです。実際、ロメール作品の中には、特別な出来事の到来というテーマを超えて、より広く、言葉と映像の関係を問題にしているものもあります。

そうした作品の一つが、**『飛行士の妻』**です。

本作の主人公は、フランスワという学生です。秘書として働くアンヌと付き合っているけど、ふとしたことで邪険に扱われてしまう。そのアンヌが飛行士のクリスチャンと一緒にいるところを、フランスワは目撃します。あいつのせいでこんな扱いを受けたのかと、フランスワは動揺します。

その後、フランスワは、今度は、クリスチャンが見知らぬ女性と一緒にいるところを目撃する。気になったフランスワは、二人を尾行し始めます。そこにワトソン君のような感じで、女子高生のリュシが合流します。フランスワとリュシは、クリスチャンと女性を尾行しながら、二人の関係をあれこれと推測していきます。

これはつまり、まず、「クリスチャンと女性が一緒にいる映像」があり、フランスワとリュシは、その映像に対して観客の位置に身を起き、それ自体としては無声のそ

◎飛行士の妻
1980年／107分
内容：アンヌのもとに、3カ月間音沙汰のなかった浮気相手のクリスチャンが訪ねてきた。妻と仲直りをするため、関係を清算したいという。そんな二人が一緒にいるところを、アンヌの恋人フランスワは目撃して動揺する。アンヌを問い詰めても邪険に扱われるばかり。そんな矢先にフランスワは、クリスチャンが別の女性と一緒にいるところを目撃。衝動的にあとを追いかけてしまう。

の映像に、**それを解釈する彼らの声をかぶせていく**ということです。作品のタイトルになっている「飛行士の妻」も、そうした解釈の一つで、クリスチャンと一緒にいるのは彼の「妻」ではないかという意味です。

たんなる解釈ですから、日本の憲法9条と同様に、映像（憲法の場合は条文）とそれにかぶる言葉とがピッタリと合致するということはあり得ません。映像にピッタリと貼り付こうとする言葉の営みが、かえって、映像を言葉の根源的な隔たりのようなものを際立たせるのです。実際、作品は、フランスワとリュシの解釈はどれも間違っていたということを明かして終わります。

解釈がぶつかり合う『海辺のポーリーヌ』

『海辺のポーリーヌ』も、映像の解釈についての作品です。

本作は、ポーリーヌとその従姉のマリオンが、ヴァカンスを海辺で過ごすというお話です。マリオンの旧友ピエール、ピエールの友人でマリオンが惹かれるアンリ、ポーリーヌが仲良くなるシルヴァン少年が、その他の主要人物です。

アンリはマリオンと恋仲になる一方で、こっそり他の女性と遊んでいます。その様子を、パスカル・グレゴリー演じるピエールが目撃します。アンリの家の窓が開いて

◎海辺のポーリーヌ
1983年／95分
内容：従姉のマリオンとともに、避暑地のノルマンディーにやってきたポーリーヌ。海辺には偶然、マリオンの旧友ピエールと、彼の友人アンリがいた。ピエールはマリオンに好意を示すが、彼女が惹かれたのはアンリのほうだった。ポーリーヌも、海辺で出会ったシルヴァンと親しくなる。そんな中、アンリが女性と遊んでいる現場を、ピエールが見かけてしまう。

いて、窓枠の中で女性が全裸でぴょんぴょん飛び跳ねている。解釈の対象となるのは、この映像です**〈図版5〉**。

我々観客は、この映像が、アンリと物売りの女性がセックスしていることを示すものだと、あらかじめ教えられています。

ピエールは、映像を正しく解釈するのですが、他の登場人物が、様々な別の解釈を映像に貼り付けようとするため、いくら正しいものでも、ピエールの言葉は、映像を自分のものにすることがなかなかできません。アンリは、物売りの女性の相手はシルヴァン君だと言い、物売りの女性自身は、自分は一人だったなどと話します。一つの映像をめぐって、複数の解釈がわらわらと提出され、対立し合うわけです。

そうした中、正しい解釈をしていたピエールも、揺らぎ始めてしまいます。アンリを信じたマリオンから「あなたは女性のほうしか見ていないでしょう。相手はシルヴァンなのよ」と言われ、一時は丸め込まれてしまうのです。

ポーリーヌとマリオンが別荘に到着するシーンで始まった同作は、二人が別荘を去るシーンで終わります。そこでの二人の会話も、非常に興味深い内容です。アリエル・ドンバル演じるマリオンはポーリー

〈図版5〉アンリの家の窓から、物売りの女性が裸で動き回っているのを、ピエールは目撃する（『海辺のポーリーヌ』エリック・ロメール　1983年）

ヌに、「自分は、物売りの女といたのはシルヴァン君だったと解釈することに決める。あなたは、アンリだったと解釈しておけばいい」と、告げるのです。映像と言葉の間には、いずれにせよ、隙間がある。その隙間を利用して、各自が自分にとって都合のいい言葉を映像に貼り付けておけばいいいんじゃない、ということです。

クセを知るには『緑の光線』がオススメ

最初に見るのは、『緑の光線』がオススメです。その次に見るなら、『クレールの膝』です。平凡な世界に特別な出来事をいかにして到来させるか。時代による変化を楽しみながら、見ることができると思います。

『緑の光線』に関してもう一つ、平凡さを問題にしているシーンを紹介しておきましょう。

デルフィーヌ役の俳優マリ・リヴィエールが、即興で、自分はベジタリアンだと話すシーンです。

即興は普通、思いがけない何かを引き出す手法だと思われがちですが、ロメールの狙いは違います。ロメールにとって即興は、凡庸なことを俳優に言わせるための手法です。実際、同シーンを見るとわかりますが、デルフィーヌは大したことは言いません。肉をなぜ食べないのか、いろいろな説明をしているけど、はっと驚かされるようなことは何一つ言いません。ここでは言葉が凡庸であるのと同様に、マリ・リヴィエールも、彼女の演じるデルフィーヌも、自分自身を凡庸な存在として感じる。そういうことが起きていますし、そういうものをロメールも期待しています。

同じことが、『満月の夜』にも言えます。同作では、ロメールは、主人公ルイーズをインテリアデザイナーに設定し、そのルイーズを演じるパスカル・オジェに、実際に、作品の衣装と室内装飾を担当させています。おそらく、パスカル・オジェは喜んで引き受けたのではないかと思いますが、ロメールのほうは、ここでも、彼女の仕事に、凡庸さを期待している。[*5] だからロメールって、ひどいジジイなわけですよ（笑）。

＊5：二人の部屋にはモンドリアンの絵の複製も飾られています。

著者略歴
廣瀬純（ひろせ じゅん）
専門は哲学、映画批評。龍谷大学教授。
1971 年、東京都生まれ。著書に『美味しい料理の哲学』（河出書房新社）、『シネマの大義』（フィルムアート社）、『新空位時代の政治哲学：クロニクル 2015-2023』（共和国）など。

監督のクセから読み解く 名作映画解剖図鑑

2024 年 9 月 18 日第 1 刷

著　者　　廣瀬純

発行人　　山田有司

発行所　　株式会社　彩図社
東京都豊島区南大塚 3-24-4
ＭＴビル　〒 170-0005
TEL：03-5985-8213　FAX：03-5985-8224

印刷所　　シナノ印刷株式会社

URL：https://www.saiz.co.jp　https://x.com/saiz_sha

ISBN978-4-8013-0732-2 C0074